Gerd Herholz, Verena Geiger, Jens Dirksen,
Ulli Langenbrinck (Hg.)

Die Sachensucherin
55 kurze Geschichten

Gerd Herholz, Verena Geiger, Jens Dirksen,
Ulli Langenbrinck (Hg.)

# Die Sachensucherin

## 55 kurze Geschichten

KLARTEXT

Titelbild:
©Alexander Potapov – Fotolia.com

Der Wettbewerb „Geschichten zum Mitnehmen" war ein Projekt des
Literaturbüros Ruhr, von Zeitungen der Funke Mediengruppe sowie
des Klartext Verlags.

1. Auflage August 2015
Umschlaggestaltung: Volker Pecher, Essen
Satz und Gestaltung: Maik Gensch, Klartext Verlag
Druck und Bindung: totem.com.pl, Polen
© Klartext Verlag, Essen 2015
ISBN 978-3-8375-1518-3
ISBN ePUB 978-3-8375-1516-9

www.klartext-verlag.de

Bibliografische Information der Deutschen Bibliothek
Die Deutsche Bibliothek verzeichnet diese Publikation
in der Deutschen Nationalbibliografie; detaillierte
bibliografische Daten sind im Internet über http://www.dnb.de
abrufbar.

# Inhalt

# Vorwort

Gerade das Vorwort zu einer Anthologie von Kürzestgeschichten sollte nicht in Redseligkeit verfallen. Es darf aber auch nicht zu kurzatmig von kleinen Geschichten sprechen, die im wahrsten Sinne des Wortes fabelhaft sind und ziemlich gut in Form. Schließlich skizzieren sie in knappen Sätzen Traum und Wirklichkeit, Illusion und Enttäuschung – in wenigen Worten scheinen ganze Innen- oder Außenwelten auf und verwandeln sich vor unseren Augen.

Also los: Als Literaturbüro Ruhr, Klartext Verlag und Zeitungen der Funke Mediengruppe ihren Wettbewerb „Geschichten zum Mitnehmen" ausschrieben, ahnten sie nicht, wie unüberhörbar das Echo darauf sein würde. 1449 Einsendungen trafen im Literaturbüro ein, viele enthielten die maximal möglichen zwei Texte, die Jury hatte so 2308 Kürzestgeschichten zu sichten. Deren Verfasser stammten aus Deutschland, seinen Anrainern, aus der zunehmenden Ferne Italiens, Kroatiens, Ungarns, Schwedens und Islands.

Die Jury las sorgfältig, immer in der Hoffnung, dass mit der Kürze sich gleichermaßen die literarische Würze einstelle. Viele gute Geschichten wirkten mit ihren Plots und Widerhaken lange nach, weil sie vor allem Kunst-Stücke aus Sprache waren. Mehr als hundertfünfzig Texte las die Jury drei- oder viermal. Zwischen Twitteratur und der guten alten Kurzgeschichte hatte sie es ausdrücklich auf die anregendsten Exemplare jenes literarischen Zwitterwesens abgesehen, das auch hierzulande gern Shorteststory, gar Short-Shortstory genannt wird.
    Von denen wird allerhand verlangt: *„Höchst komprimiert, aufgeladen, heimtückisch, proteisch, plötzlich, alarmierend oder quälend, geben diese Short-Shortstories kleinen Zipfeln des Chaos eine Form, leisten sie auf einer Seite, was ein Roman auf zweihundert tut"*, behaupten selbstbewusst Robert Shapard/James

Thomas im Vorwort ihrer Sammlung „Plötzliche Geschichten. Amerikanische Short-Shortstories" (S. Fischer Verlag).

Jedoch streiten Experten schon darüber, wie kurz eine Kürzestgeschichte denn bitteschön zu sein hat. Sie müsse in maximal fünf Minuten zu lesen sein, meinen manche, also zwei bis drei Seiten lang sein. Andere definieren ihre Obergrenze bei 1200 Wörtern. Wir haben uns für eine Grenze von maximal 5000 Zeichen (inklusive Leerzeichen) entschieden, was einem Textumfang von höchstens 800 Worten entsprechen dürfte. Es sollte schon gelten: Wo alle Zeichen gezählt werden, zählt jedes Wort.

Selbstverständlich hat literarische Verknappung, wenn sie denn gelingen soll, mit Können zu tun. Mit begrenzter Wortzahl Figuren lebendig werden zu lassen, Atmosphäre zu schaffen, Konflikte zu gestalten und menschliches Hoffen oder Scheitern zu skizzieren, das scheint einfach, ist aber nicht eben leicht zu machen. 55 Kürzestgeschichten warten auf Sie in der vorliegenden Anthologie, thematisch variantenreich, auf der Höhe der Zeit und doch mit Blick auf Vergangenheit, die nicht vergehen will. Viele Miniaturen sind dabei eher an Traditionen europäischer Kurzgeschichte und kleiner Prosa orientiert als an denen amerikanischer Shorteststorys (der Duden fordert „Storys", nicht „Stories"). Allerdings gehören mittlerweile zu den prominenten Vertretern der amerikanischen Shorteststory auch Autorinnen wie Lydia Davis. Davis hat unter anderen Flaubert, Proust und Simenon übersetzt, ist also neben amerikanischen Vorbildern auch inspiriert von der Lektüre vieler europäischer Ahnen. Gelegentlich scheinen Davis' abgründig präzise Kurztexte aus Story-Sammlungen wie „Formen der Verstörung" ein sehr fernes Echo auf Georg Christoph Lichtenberg zu sein, auf dessen Gedankensplitter aus den Sudelbüchern: „Es ist keine Kunst, etwas kurz zu sagen, wenn man etwas zu sagen hat", so lakonisch spielte Lichtenberg einst das Vermögen herunter, überhaupt erst einmal zu erfassen, was wert ist, in aller Kürze zur Sprache gebracht zu werden.

Verstörung, Aus-der-Bahn-geworfen-werden, Suche, dies könnte auch als Tenor vieler der vorliegenden Kürzestgeschichten bezeichnet werden. (Unseren Anthologie-Titel „Die Sachensucherin" verdanken wir übrigens Katharina Stegen als Fan Pippi Langstrumpfs.) Die Autorinnen und Autoren unserer Sammlung erzählen von erotischen Fantasien ebenso wie von prekärer Arbeit, von verlorener Freundschaft und alten Feinden, von Kneipe und Cowboys. Unter Tage trifft auf überirdisch Schönes, Humor auf den Herrgott, der tiefe Westen auf den Nahen Osten, Sonderlinge und Surreales auf die Härten des Alltags. Von Auf- und Ausbruch handeln die Prosastückchen, von Kindheit, erster und letzter Liebe. Sie leuchten aber auch in die Abgründe von Ehehölle und Missbrauch, von Kriegen und Nachkrieg, Flucht und Vertreibung.

Aber bitte lesen Sie nun wirklich selbst, bevor dieses Vorwort doch noch zu redselig wird.

*Postskriptum: Die Anthologie orientiert sich an der vom Duden empfohlenen Rechtschreibung. Gelegentlich weichen Autorinnen/Autoren bewusst davon ab.*

**Matthias Amann**

# Borges

In einem Straßencafé tritt ein Mann an meinen Tisch und nimmt Haltung an. Seine Brille ist mit Klebeband fixiert, in der Hand hält er einen Stock; er riecht nach Alkohol. Das Spanisch aus seinem zahnlosen Mund ist kaum zu verstehen. No hablo mucho Español, sage ich und versuche, einen Wall sprachlicher Hindernisse um mich aufzuschütten. Der Alte beginnt seine Ausführungen von vorne, Satz für Satz in aufreizender Langsamkeit, so wie man mit einem spricht, der schwer von Begriff ist. Behindert sei er, wiederholt er und hebt den Stock diskret in die Höhe, und dankbar, wenn ich ihn finanziell ein wenig unterstütze. Ich reiche ihm einen Zweipesoschein. Er wirft einen prüfenden Blick auf den Schein und stopft ihn in die Tasche. Woher ich komme, will er wissen, ich sage es ihm, doch es scheint ihn nicht zu interessieren, sondern nur die Eröffnung gewesen zu sein für die eigentliche Frage: ob ich Borges kenne. Ich bejahe, etwas zu vorschnell, wie mir selbst scheint, natürlich kenne ich den. Er schaut mich fragend an. Ob ich ihn gelesen habe, will er wissen. Ich fühle mich ertappt. „Noch nicht", räume ich ein. „Lies ihn", sagt er, in einem Ton, der keine Widerrede duldet, rammt den Stock in den Boden und tritt ab.

Anna Morawetz

# So tot war sein Erdbeermund

Der Heiland an der Wand hat immer Unglück gebracht. Bereits als Kind habe ich mich gefürchtet vor dem Herrgottswinkel im Mücheneck. Der Gekreuzigte stierte auf mein Frühstücksbrot. Er war dünn und ausgemergelt. Tot, aber hungrig. Er ist verhungert, dachte ich, und brachte keinen Bissen mehr hinunter vor lauter Schuldgefühlen und aus Angst, er könnte sich plötzlich mit einem Schrei von oben auf mich herabstürzen und mir das Brot aus der Hand reißen. Er wird verhungern, dachte ich. Doch er wollte nicht essen, was auch immer ich ihm anbot. Die versuchte Zwangsernährung des Heilands schlug fehl. Jesus nahm keinen Bissen zu sich. Die Eltern entsetzten sich nicht wenig über den mit Marmelade verschmierten Gekreuzigten. Er blutete Erdbeeren aus dem Mund. Eine Ribiselwunde entquoll seinem Körper. Die Füße trieften vor Heidelbeeren. Kirschrot waren seine Wangen, Gesicht und Hüfttuch verklebt. Ich weigerte mich, ihn zu waschen. Er wurde nie wieder sauber. Im Sommer setzten sich Fliegen auf die leidvolle Gestalt. Der Leichnam faulte nicht, aber stank. Wir beteten tapfer unter dem Zwang der Eltern. Wir beteten tapfer zu einem, dessen kaum mehr zu ertragender Geruch nach und nach die gesamte Wohnung durchzog. Eines Tages übergab sich ein Gast während des Vaterunsers in seine Suppe. Dem Gekreuzigten wurde in einem Akt von panikartiger Ratlosigkeit verzweifelt ein Plastiksack über den Kopf geworfen. Ein Gummiringerl besiegelte seinen Erstickungstod, während der Gast, ohne sich umzudrehen, das Haus verließ und niemals wiederkehrte. Unter dem Vorwand einer sofortigen und dringenden Küchenrenovierung wurde der Gekreuzigte schließlich so rasch und heimlich wie möglich entfernt und an einem vor uns Kindern geheim gehaltenen Ort entsorgt. Eine Muttergottes, früher von den Eltern häufig und regelmäßig herbeigesehnt, war fortan kein Thema mehr. Der Winkel über dem Küchentisch blieb leer. Der Herrgott war verhungert. War ausgezogen.

**Signe Ibbeken**

# Kreuzzwirnarsch

Nie schreibt er oder ruft an. Aber jedes Jahr, wenn der Schnee in den Straßen schmilzt, klingelt er an der Tür.

„Euer Onkel ist da", ruft meine Mutter, und ich klappe den Klavierdeckel zu und werfe meine Geige und die Noten in den Schrank und klemme meine Finger ins Metronom, bis es endlich still ist. Mit steifen Beinen steigt meine Schwester aus ihren Büchern und Heftern und sogar unser Bruder verlässt seine Soldaten mitten beim Metzeln, Rauben und Stechen und kriecht blinzelnd aus seiner Höhle.

„Hola", sagt unser Onkel und spuckt grinsend ein Büschel Präriegras auf unsere Fußmatte, denn er kommt direkt von seiner Ranch in Südamerika. Mit Schwung nimmt er sein Lasso von der Schulter und wirft es über die Garderobe.

„Wo bleibt mein Kuchen, chica", fragt er und schlägt meiner Mutter auf den Hintern und meine Mutter lacht laut, was sie sonst niemals tut, seitdem man ihr sagte, ihre Zähne seien schief.

Mit klingenden Sporen folgt unser Onkel meiner Mutter in die Küche. Dort schwingt er sich auf die Waschmaschine und erzählt von Buffalo Bill und Billy the Kid und anderen Helden der Prärie und wir hocken zu seinen Füßen und sind glücklich und verstehen kein Wort, denn unser Onkel spricht wie ein echter Cowboy durch die geschlossenen Zähne, die schwarz sind und faulig wie Kastanien aus dem Vorjahr.

Und meine Mutter lächelt und rührt den Teig, denn unser Onkel liebt Topfkuchen. Später verschlingt unser Onkel die Hälfte des Kuchens allein. Er schmatzt und rülpst, und als er fertig ist, blinzelt er uns zu.

„Kreuzzwirnarsch", sagt er leise, „jetzt aber raus hier."

Wir gehen in den Garten. Unter dem Kirschbaum stellt er uns auf. Der Reihe nach üben wir Fluchen, und wie man mit einem einzigen Strahl gegen den Zaun spuckt und durch die Zähne spricht, bis niemand mehr etwas versteht.

„Bis zum nächsten Jahr muss das sitzen", sagt unser Onkel und schlägt uns mit einem Grinsen auf die Schulter, bis wir torkeln. Dann geht er mit breitem Gang ins Haus, um sich von unserer Mutter zu verabschieden.

Nachdem unser Onkel abgefahren ist, lasse ich die Geige und die Noten für immer im Schrank. Stattdessen trainiere ich heimlich. Ich übe den Lassowurf, ich rülpse, furze und sammle Flüche. Und als ich einhundert der besten Flüche beisammen habe, schlachte ich mein Sparschwein und schreibe meinem Onkel meine Ankunftszeit. Als alle schlafen, steige ich aus dem Fenster.

„Macht euch keine Sorgen", murmle ich verwaschen und spucke ein Büschel Gartengras auf die Fußmatte.

Mein Onkel holt mich am Flughafen ab. Er steht in der Halle und hält sein Pferd am Halfter. Das Tier hat eine Zigarette im Mundwinkel hängen und grinst freundlich.

„Pesthimmelundzugenäht", sagt mein Onkel und hebt eine Flasche Whisky zum Gruß.

„Kotzhirnverrammelt", antworte ich und springe hinter ihm aufs Pferd.

Die Ranch liegt auf einem Hügel. Überall grasen Rinder, dazwischen steht ein prächtiges Haus.

„Das habe ich für meine Frau gebaut", murmelt mein Onkel. „Allerdings ist sie längst über alle Berge."

Das Haus sieht aus wie ein Schloss, mit Säulen, Türmen und Terrassen. Aber im Klo wohnen die Frösche und auf dem Sofa wühlen die Schweine und unter dem Teppich schlafen die Maulwürfe.

„Und wo schlafen wir?", frage ich und mein Onkel zeigt aus dem Fenster.

„Dort draußen, chica", sagt er und grinst.

Früh am nächsten Morgen beginnt die Arbeit. Mein Onkel zeigt mir, wie man in die Stiefel pinkelt und mit dem rauchenden

Brenneisen in der Hand einem tobenden Stier auf den Rücken springt. Er zeigt mir, wie man mit dem Lasso Vögel fängt und auf dem Viehmarkt den Händlern ins Maul schaut und in Nullkommanichts drei Waffen gleichzeitig zieht, nachdem man sie betrogen hat.

Wir waschen uns nie. Wir schlafen mit Stiefeln und Hut. Wir stinken nach Leder und Pisse, nach Schweiß, Tabak, Schnaps, Diesel und Rauch. Und am Abend, wenn die Arbeit getan ist, trinken wir Whisky und sehen den toten Sternen zu, wie sie durchs All rasen, und mein Onkel schweigt, denn er denkt an seine Frau.

Nach drei Jahren sagt mein Onkel voller Stolz: „Bei der brütenden Kakerlake, du hast alles gelernt."

Und ich ziehe mein Hemd aus und, ohne mit der Wimper zu zucken, bekomme ich mit dem Brenneisen mein Zeichen. Dann saufen wir feierlich, bis wir umfallen.

Am nächsten Morgen ist mein Onkel verschwunden.

„Bin über alle Berge", steht mit großen Lettern im Sand.

Noch am gleichen Tag übernehme ich die Ranch. Ich schlafe auf dem nackten Boden, ich springe auf tobende Stiere und fange, aufrecht auf ihrem Rücken stehend, mit dem Lasso die Vögel im Flug. Ich schaue den Händlern ins Maul und ziehe drei Waffen gleichzeitig, wenn sie nicht tun, was ich sage. Meine Zähne sind schwarz und meine Worte verwaschen, und wenn der Abend kommt, saufe ich mit dem Pferd am Lagerfeuer Whisky, bis wir umfallen.

**Karin Peschka**

# Traktor

Ich kann, sagte der Bauer, die Straße so verdrecken, wie ich möchte. Du kannst, sagte der Polizist und schob dabei die Kappe nach hinten, wischte sich den Schweiß von der Stirn, du kannst das nur, wenn du den Dreck wieder wegmachst. Und zwar gleich, sagte der Bauer, lachte und stieg hinauf die zwei Metallstufen seines Traktors, während – von weit hinten – ein Raunen anhob und im nächsten Moment zu einer Frau wurde, auf einem Motorrad mit breiten Reifen, und nichts nutzte das. Sie schlitterte direkt in das Polizeiauto, das nach der Kurve auf die Straße ragte, prallte und flog, weggewuchtet, hochgeschleudert. Mein Dreck war's nicht, meinte der Bauer gleich, den mach' ich ja erst, wenn ich vom Feld runterfahr'. Es wuchsen indes rund um die Frau Grabhügel aus dem Boden, waren aber nur Erdschollen, trotzdem kam ihr im Hineinwirbeln ein Satz in den Sinn von ganz früher, Tagebuchzeit, geschrieben mit Tränen, sie würde im herbstlichen Acker versinken wollen, wie alt war sie da gewesen, vierzehn? Und einsam, natürlich, immer war man einsam, und wenn man so wild hineingepresst wird in den Boden, war man es auch, oder? Die Frau konnte sich keine Antwort geben auf die Frage, weil man mit dem Mund voller Erde nicht wirklich denkt oder spricht, auch nicht schluckt, nur erstarrt und hofft auf Stillstand und Luft. Der Polizist rief den Namen der Frau, er kannte sie ja, wie jeder und jede hier jeden und jede kennt, stolperte mit schwarzen Schuhen ins Feld, besudelte sich den Hosensaum. Der Bauer war wieder hinuntergestiegen, mit dem Telefon in der Hand, die zwei metallenen Stufen vom Traktor hinunter, drückte den Notausschalter des Motorrads und sagte dabei: Ruhig bist. Was? Das war der Notrufmensch am anderen Ende, der nichts verstanden hatte, nun sagen Sie mal, wo genau, wie viele Verletzte, Notarztwagen, Feuerwehr, Helikopter, wir müssen das klären, Herr, so melden Sie sich doch! Man hörte das gut, war still jetzt, dem Traktor knackste wohl noch ein wenig die Hitze im Getriebe, aber sonst war ein Kiebitz der Einzige, der ein schwarzweißes Geräusch in den Tag schicken wollte. B 58, bei der Furtauer-Brücke, hinten, nach der Mühle, beschrieb der Bauer ins Telefon hinein, dorthin schickst eine Ambulanz, Polizei ist schon da. Aber beschäftigt. Nämlich damit, sich über die Frau zu beugen und ihr den Rücken abzutasten und anzusprechen und umzudrehen ganz vorsichtig. Meinst nicht, die Straß' g'hört g'sichert? Schrie es von dort, wo ein Polizeiauto stand und war demoliert. Schrie also zurück, ganz nah am Gesicht der Frau schrie der Polizist: Ja, sichern! Im Kofferraum, Dreieck, aufstellen. Zielte mit dem Schlüssel, drückte den Knopf, bis es zweitönig fiepte, der Bauer beugte sich hinein und hinaus und ging und verschwand und stellte auf. Sah sich dann um, nicht, ob die Frau noch lebte oder man helfen sollte, vermeinte zu spüren, dass die schon nicht stirbt, die Räuberstochter, aber suchte Erdbatzen auf dem Asphalt, aus den Traktorreifen gefallener Dreck von gestern, war ja auch ackern, musste ja geackert werden, solange der Herbst es zuließ. Was fährt die Motorrad, murrte der Bauer, kickte die Batzen von der Straße. Dort, wo sie noch feucht waren, von Reifenspuren hingeschmiert weit über den Asphalt, dort bückte er sich, wischte mit der bloßen Hand über den warmen Boden. Der Erdduft beruhigte ihn, dessen Vermischung mit dem Geruch der Straße ließ ihn aufblicken, hier, hinter der Kurve, wo es still war bis auf den Kiebitz, wo man nichts sah außer den Hügelrand der Welt, wo zwischen den Kiebitzrufen die Stille und die niedergehende Sonne den Tag ausleiteten – und würde ich so bleiben, lange genug, dachte der Bauer, mich dann aufrichten, dann wäre alles gut. Kniff die Augen zusammen im Abendrot, das Herz jagte ihm plötzliche Angst durch den Leib. Vögel flogen auf, Stare, schwebten und glitten, der Bauer griff hinauf in ihren Flug, mit seiner erdigen Hand griff er hinauf, aber die Zeit ließ sich nicht anhalten, nur verlangsamen ein wenig, und oben, die Stare, sich wundernd ob der zähen Abendluft, ob der Unmöglichkeit, die Baumgruppe zügig zu passieren.

**Andreas Unterweger**

# Lidzbark Warmiński

Er lebte in einer Stadt, deren Namen er vergessen hatte. Erst fiel es ihm schwer, den Namen der Stadt, in der er lebte, auszusprechen, dann hatte er Schwierigkeiten, sich den Namen der Stadt zu merken, in der er lebte, dann wusste er noch, dass der Name der Stadt, in der er lebte, aus zwei Teilen bestand, dass er somit zwei Dinge, zwei Wörter benötigen würde, um diese eine Sache, die Stadt, in der er lebte, zu bezeichnen, dann wusste er auch das nicht mehr und lebte ganz einfach in einer Stadt, deren Namen er vergessen hatte.

Mit der Zeit entfiel ihm dann auch der Name der Straße, auf die er von seinem Fenster aus blickte, was nichts weiter ausmachte, wie er befand, er nannte sie ulica, was so viel heißt wie Straße, und wie alle Straßen, zumindest zu einem Teil, hießen, zumindest in diesem Land, wie hieß es doch gleich, zerbrach sich nicht weiter den Kopf darüber und blickte von seinem Fenster aus auf die Straße hinunter, die ulica eben, wie die Straßen eben hießen, zumindest in diesem Land, wo die Stadt lag, in der er lebte und deren Namen er vergessen hatte, wie hieß sie doch gleich.

Von Zeit zu Zeit kam ihn ein Mädchen besuchen, anfangs machte er bei der Begrüßung ein leicht verwundertes Gesicht, dann gab er ihm einen Kosenamen, gab ihm jedes Mal, wenn es kam, einen anderen Kosenamen, mit jedem Kosenamen wurde das Mädchen ein anderes und so viele Mädchen kamen, wie er Kosenamen gab, und das zu ihm, der den Namen der Stadt, in der er lebte, vergessen hatte und sich nicht weiter Gedanken machte darüber.

Da war nur eine Sache, dort im Badezimmer, die ihn wirklich störte: der hässliche Affe, der ihn frühmorgens, beim Rasieren, besuchte, und der jeden Lidschlag, jedes Stirnrunzeln nachmachte, mitmachte, als wäre er er. Um nicht ein jedes Mal aufs Neue zu erschrecken, sich zu vergessen, aus der Haut zu fahren, wenn dieser Affe vor ihm aus dem Morgen grinste, eingeschäumt wie er, gab er ihm dann nach kurzer Zeit schon einen Namen, den er sich merken konnte, er nannte ihn gleich wie sich, Ich, und fügte, für sich, im Stillen, hinzu: Bleib auf der anderen Seite des Spiegels.

Mit Ich beschäftigte er sich die Zeit danach sehr viel, es fiel ihm schwer, viel schwerer als erhofft, sich diesen Namen, Ich, zu merken, er musste immerzu bloß eines denken, Ich, Ich, Ich, um Ich, um sich nicht zu vergessen, frühmorgens, beim Rasieren, und so vergaß er, sich die Kosenamen für die Mädchen, die so vielen, auszudenken, die ihn besuchen kamen, er nannte sie allesamt Du, und so kam ihn, nachdem er sich den Namen des hässlichen Affen im Spiegel schon eine Zeit lang gemerkt hatte, nur noch ein einziges Mädchen besuchen, dem er bald schon zu viel wurde, so dass es ihn mit sich und seinem Ich allein ließ und ihn nicht mehr besuchte.

So saß er in der Folgezeit für sich an seinem Fenster, sprach mit sich selbst, versuchte, sich zu merken, was im Spiegel war – er blickte in den Spiegel, den er bei sich trug, er blickte auf die Straße, seine ulica. – Nach einer langen, viel zu langen Zeit, entdeckte er dann vorne an der Ecke, knapp über der Aufschrift des Bäckers, ein Schild auf dem stand, was vor ulica stand, wie die Straße hieß eben, auf die er von seinem Fenster aus blickte. Er hob den Blick und entdeckte über dem Bäcker und der Straße, deren Namen er nun wieder wusste, die Schornsteine, Satellitenschüsseln und Dächer der Stadt, in der er lebte, und deren Name, wie er sich nun wieder erinnern konnte, aus zwei Teilen bestand, zwei Wörtern, die er benötigen würde, um diese eine Sache, die Stadt, zu bezeichnen – tatsächlich: Er saß an seinem Fenster, blickte von seinem Fenster aus auf eine Straße hinunter, deren Namen er wusste, und wusste sich plötzlich allein, allein mit dem hässlichen Affen, der er nun einmal war, in Lidzbark Warmiński. Das Unaussprechliche war Wirklichkeit geworden.

**Helen Anderer**

# Trümmermensch

Ranas Land stirbt. Sie weiß das und manchmal wünscht sie sich, einfach die Augen zu schließen und so zu tun, als wäre alles noch da – die sandfarbenen Gassen, durch die sich sandfarbene Menschen schieben; die von Datteln verklebte Luft an den Rändern des Souks; Mohammeds Laden, wo er Gewürze verkauft, die so bunt sind wie die Geschichten, die er erzählt.

Sie möchte das so gerne glauben. Aber wenn sie die Augen aufmacht, liegt die Welt um sie herum in Trümmern und die Gassen sind aschgrau und leer und im Dreck verbluten Mohammeds Geschichten.

Ranas Land stirbt und sie sieht es jeden Tag. Sie sieht es an den Fassaden, die von Blei ganz zerfressen und löchrig sind, und an den Häusern, in denen nur noch Geister wohnen.

Sie sieht es an den Toten, die wie Abfall zwischen den Trümmern liegen, und an den Überlebenden, die zu niemandem mehr gehören.

Sie sieht es an sich und an Raheem und daran, dass neben seinem Bett eine Pistole liegt und unter ihrem eine Tasche – gepackt, bereit.

Sie müssen vielleicht bald weg.

Rana wird von Schüssen wach. Als sie sich aufsetzt, hört sie nichts – keine Stimmen, keine Schritte. Nur dichte, wattige Stille. In ihren Gedanken dröhnt der Knall. Sie glaubt, dass jetzt wieder jemand tot ist. Sie kann es hören. Das Schweigen der Toten ist laut und klumpig und ganz schwer und es reißt tiefschwarze Löcher in die Luft. Kurz hat sie Angst, dass es Raheems Schweigen ist, das ihr die Ohren verklebt, aber Raheem ist da, ein dunkler Fleck in der faserigen, vom Mondlicht ausgeblichenen Dunkelheit.

„Steh auf", sagt er und seine Stimme ist rau und leise und so entsetzlich fremd, und für einen Moment fragt Rana sich, ob es wirklich Raheem ist, der sich dort an ihrer Türklinke festhält und sie anstarrt.

„Rana", sagt er.

Sie nickt und steht auf und holt die Tasche und ihre Hände zittern dabei.

Das Haus ist ihres, ihres und Raheems, doch jetzt scheint es ihr fremd und kalt, fast höhnisch mit den Blumen auf dem Tisch und den Bildern von ihr und Raheem an der Wand. In den Zimmern ist das Leben eingefroren, das ihnen einmal gehört hat und das sie jetzt wie in einem Museum betrachtet.

Sie kommt sich vor wie ein Geist.

Raheem wartet an der Tür auf sie. In der rechten Hand hält er die Pistole umklammert. Er hat noch nie in seinem Leben geschossen und Rana betet, dass er das auch heute nicht muss. Solange er nicht schießt, kann sie sich einreden, dass er noch zu ihrem alten Leben gehört, dass er übrig geblieben ist. Sie will nicht in seine Augen sehen und wissen, dass er einen Menschen getötet hat.

Die Tür knarzt leise, als er sie öffnet. In der Stille ist das Geräusch unendlich laut und es schwebt noch einen Moment in der Luft, bevor Rana es nicht mehr hört. Draußen hängen die Überreste der Nacht wie ein verwaschener alter Vorhang zwischen den Gebäuden und die Stadt liegt da, ganz ruhig, und schläft und kommt ihr vor wie ein Land, das sie noch nicht kennt, eine Wüste aus Häusertrümmern und Menschentrümmern.

Wenn sie jetzt aus dem Haus tritt und Raheem ihr folgt und die Tür schließt, dann können sie nicht mehr zurück.

Rana weiß, dass sie fort müssen. Und sie weiß, dass sie einen Plan haben, schon von Anfang an. Sie weiß das und trotzdem möchte sie auf einmal wieder umdrehen und zurück in ihr Zimmer und sich mit einem Buch auf ihr Bett legen und warten. Darauf, dass sie endlich aufwacht, und ihr Land stirbt doch nicht, darauf, dass alles wieder in Ordnung ist.

Sie denkt an das Museum, das ihr Haus jetzt ist, ein Nachbau ihres Lebens, erstaunlich genau und merkwürdig künstlich, unecht, wie Plastikfrüchte, sie und Raheem selbst nur Ausstellungsstücke.

Nur Statuen können in Museen überleben.

Doch das ist sie nicht, das will sie nicht sein, keine Statue, unbeweglich und steif und steinern. Das ist fast, als wäre sie schon tot.

Sie sieht Raheem an und sie weiß, dass er auch keine Statue ist, dass er lebt und weiterleben will und sie atmet ein und tritt über die Schwelle und die Nachtluft ist kalt und fremd und sie spürt sie überall.

**Hellmut Lemmer**

# Karolina

In diesem Sommer blühte der Ginster sehr gelb. Meine Hand hatte ich unter ihren Kopf gelegt, kein Hälmchen sollte sie stechen.

„Ich würde gern einmal mit einem großen Schiff quer über den Ozean reisen", sagte sie, „tagelang nur das Meer sehen und nachdenken, nichts sehen als Blau, den Wind spüren und die Sonne. Man würde wirklich merken, wie weit die Entfernung zwischen den Kontinenten ist." Später sagte sie: „Wenn ich Rehe sehe, werde ich immer traurig. Ich fühle mich ertappt, weil ich denke, sie sind so scheu, dass sie sogar einen heimlichen Blick als störend empfinden."

Ich strich über ihr weiches Haar, bis sich die Sonne langsam hinter dem Buchenwäldchen verkroch. Als es kühler wurde, setzten wir uns auf. Ich umschlang mit meinen Armen von hinten ihren schmalen Körper, legte meine Wange an die ihre, fasste mit den Händen ihre Brüste. Sie ließ es zu. Sie drückte ihren Kopf nach hinten gegen meine Schulter.

Wir konnten uns am nächsten Tag nicht sehen. Ich war unglücklich und ruhelos. Ich dachte nur an sie. Ich machte Reisen mit ihr über den Ozean. Ich wollte Förster werden und das Wild hegen.

Sie hieß Karolina, war mit ihrer Mutter aus Polen gekommen. Am Sonntag wartete ich auf Karolina nach dem Kirchgang. Wir hatten nur etwa eine Stunde Zeit bis zum Mittagessen. Sie erzählte, dass es in ihrer Heimat auch Kohlenzechen gebe. Sie wollte wissen, warum ich die Schnürriemen an meinen Schuhen immer offen habe und warum die Nachbarskinder riefen: Rot, blau – Pollacksfrau!

Sie ließ es zu, dass ich ihre Brust wieder berührte, aber als ich versuchte, sie zu küssen, drehte sie das Gesicht zur Seite, und dann verabschiedete sie sich schnell.

Der Abschied war für endlos lange Zeit. In den drei Ferienwochen hätte ich am liebsten täglich zehnmal mit Karolina die Ostsee, den Atlantischen Ozean und alle Weltmeere überquert. Ich rief ihren Namen bei stürmischen Abenden gegen Wind und Brandung an. Aus Muscheln legte ich ihn im Sand, aber nur weit draußen, wo kaum noch Strandwanderer mich stören konnten. Der Höhepunkt der Ferien war eine Postkarte am elften Tag:

„Hoffentlich habt Ihr besseres Wetter als wir hier Zuhaus. Beim Brinkmann hat der Blitz eingeschlagen, aber es ist nichts passiert. Der Ginster ist verblüht. Wir haben jetzt einen Fernseher, vielleicht können wir mal was zusammen sehen.

Bis bald
Karolina"

Keine Anrede, am Schluss nur einfach Karolina. Immerhin gab es Lichtblicke: Sie weiß den Ginster noch, sie hat *wir* geschrieben.

Auch als ich zurück war, hat sie sich nicht küssen lassen. Ich hab' es einfach nicht verstanden, und ich hab' versucht sie zu strafen, indem ich mich einmal eine ganze Woche lang verleugnete. Ich hatte doch schon mehrere andere geküsst und es nicht nötig, mir das bieten zu lassen. Dabei schnitten mich die anderen aus der Klasse schon, weil ich mit der von drüben ging. Sogar meine Eltern äußerten Bedenken: Die kommen hier ins gemachte Nest, die können nicht mal richtig Deutsch.

Als schon der erste Raureif auf den Zweigen und Blättern lag, hab' ich am Holzstoß vorm Wald ihr Gesicht einfach gewaltsam in die Hände genommen und meine Lippen auf die ihren gepresst. Nur ein Kuss ist es nicht geworden. Sie hat die Lippen hart gemacht, und als ich nicht ablassen wollte, hat sie gebissen, und ich hab' sie geschlagen, und sie hat mich angeschrien: „Jetzt ist es heraus, du bist wie alle andern! Ich will dich nicht mehr wiederseh'n."

An Weihnachten hat sie im Chor in der Kirche gesungen. Sie war so schön. Ihr Haar fiel glänzend auf die Schultern herab. Beim Singen sah ich auf ihre Lippen. Sie sang schöner als alle anderen, ein Engel.

Kurz vor Ostern besuchte mich Karolina ganz offiziell bei mir zu Hause. Als sie ihren Mantel ablegte, sah ich, dass sie eine weiße Bluse und eine schwarze, bestickte Weste trug.

Sie sah mich mit ihren dunklen Augen an, und ich hätte weinen können, als sie sagte: „Ich will dir nur Lebewohl sagen. Es war schön, als der Ginster blühte." Sie stockte. „Vor allem meine Mutter hält es hier nicht aus", fuhr Karolina dann fort, „sie kann die Heimat nicht vergessen."

Erst im nächsten Sommer entnahm ich es den Gesprächen meiner Eltern: Als sie noch in Polen waren, hat der Mann sie geschlagen, die Tochter auch. Fast in jeder Nacht ist er auf sie losgegangen. Erst sollen sie sich bei den Nachbarn versteckt haben, dann sind sie weg, wollten ganz weit weg. Aber hier haben sie auch nicht leben können. Ist ja auch nichts, so in der Fremde, sagte meine Mutter, und dann noch ohne Mann. Und zu uns passen die einfach nicht. Was wollen die hier?

Ich lief wie wild hinaus zum Wald. So gelb hatte der Ginster geblüht. So gern hätt' ich sie in den Arm genommen, so gern hätt' ich Karolina geküsst.

**Que Du Luu**

# Zizou

Die Welt ist überbelichtet. Die Menschen liegen in der Sonne, dicht an dicht. Manche sind thunfischbraun, andere rotbarschblass. Es riecht nach Bastmatten und Seetang.

Über mir der blaue Sonnenschirm. Um mich herum Kindergeschrei und Meeresrauschen.

Ich warte auf ihn.

Er geht mittags auf und ab, und die Leute winken ihm zu. Er ist kein Bademeister, der die Ertrinkenden aus dem Wasser holt. Er rettet die Badenden vor dem Verdursten. In seinem Wassereimer tummeln sich Getränkedosen. Salzwasser gibt es endlos im Meer, er kühlt seine Dosen in Süßwasser.

Er ist glatt wie eine griechische Statue. An seinen Unterarmen treten die Adern hervor. Wenn er vor mir steht, sind seine Füße sandig und die kurze Hose ist weit und flattert leicht im Wind.

Ich kenne seinen Namen nicht. Ich nenne ihn Zizou. Er sieht aus wie Zizou. Wie Zizou nach einem Spiel, mit ausgezogenem Trikot.

Wir reden nur in Worten, nicht in Sätzen.

Eine Cola, sage ich, ein Euro, sagt er.

Dann bückt er sich, um meine Dose aus dem Eimer zu fischen. Das Metall ist nass und kalt.

Ich rolle die Dose immer erst über meine Wangen, bevor ich sie knacke und das Zuckerwasser ausschlürfe. Dabei beobachte ich Zizou.

Er ist nicht dick wie die Urlauber. Er ist nicht eitel wie die Surfer. Er führt keine Sonnyboy-Show im Wasser auf. Er macht seine Arbeit. Er geht hin und her. Seine Armmuskeln spannen sich an, wenn er den Wassereimer greift. Seine Haut glänzt in der Sonne, hinter ihm das Meer.

Frauen in knappen Bikinis kaufen gerne seine Dosen. Mit aufgedunsenen Lippen lachen sie ihn an, und er lacht verlegen zurück.

Wenn du ihm Steine zuspielst, bekommst du Rosenblätter zurück, sagt Roberto Carlos.

Der Zizou von Roberto Carlos heißt Zinedine Zidane. Zizou ist sein Kosename. Wenn er heute noch kommt, werde ich ihm den ganzen Eimer abkaufen.

Er wird lachen, wenn ich das tue. Er wird sich neben mich setzen. Ich stelle mir vor: Wir schauen auf das Meer. Die Luft zwischen uns ist warm. Er rührt sich nicht. Ich schiele zu seinem Gesicht. Sein arabisches Profil ist ungestüm und ruhig.

Aber er ist nicht da. Ich lege mich hin und schließe die Augen. Abends wird er nicht arbeiten, sage ich mir. Wir könnten den Sonnenschirm zusammenfalten und uns ohne Bastmatte in den Sand legen. Wir könnten nebeneinander liegen und ganze Sätze austauschen. Und wenn wir schweigen, wird es kein Kinderge-schrei geben, nur dunkles Meeresrauschen vor unseren Füßen.

Ich stelle mir vor: Ich setze mich auf und lasse meine Finger-spitzen über seine Arme gleiten. Ich lasse eine Handvoll Sand über seine Waden rieseln. Er greift dann mein Handgelenk – nicht so fest, wie er den Wassereimer greift.

Seine Hände fühlen sich an wie weiches Sandpapier.

Ich öffne meine Augen. Die Sonne ist gewandert, es ist schon Nachmittag. Ich setze mich auf. In meiner Strohtasche ist nichts Trinkbares. Hohe Wellen fallen in sich zusammen. So viel Was-ser, und man kann trotzdem verdursten. So viele Menschen, und niemand ist Zizou. Vielleicht verkauft er jetzt in der Stadt. Nur leere Dosen erinnern an ihn. Einige werden von Meerwasser fortgespült.

Ich lege mich wieder hin, schlafe und träume: Die Sonne ist untergegangen. Zizou liegt neben mir in der Dämmerung und hat die Augen geschlossen.

Ich beuge mich über sein Gesicht. Der Duft des Aftershaves strömt in meine Nase, in meinen Kopf. Ich atme tief ein. Zizou lässt seine Augen geschlossen, dabei schläft er nicht. Er weiß, dass ich ihn anschaue, dass mein Gesicht nur eine Handbreit von seinem entfernt ist. Meine Haare hängen herunter, die Spitzen kitzeln seinen Hals. Mein Atem streift ihn.

Ich stehe auf und tauche meine Hände in den Eimer. Es ist so schön nass und kalt. Ich nehme die glitschigen Dosen heraus und kippe ihm das Wasser mit einem Schwung ins Gesicht. Er reißt seine sanften Augen auf und schaut böse, als hätte ich ihn gefoult.

Ich muss lachen, quieken und laufe wie um mein Leben. Dann hat er mich eingeholt, packt mich und drückt mich in den Sand. Der Sand ist rau und weich zugleich.

Weit entfernt höre ich Dosen scheppern. Ich wache auf, schnelle hoch und drehe mich um. Ich sehe: Zizou ist schon fast weg. Er geht die Straße entlang. Ich ziehe meine Sandalen an und renne. Dann habe ich ihn eingeholt und keuche, eine Cola, und er stellt den Wassereimer ab und fischt eine Dose heraus. Die Dose ist nass, die Wassertropfen glitzern in der Abendsonne. Das Schlaraffenland ist über die Dürre geschwappt.

Ich schaue ihn an und er sagt: ein Euro.

Ich denke an mein Geld, aber die Tasche liegt unter meinem Sonnenschirm. Ich frage ihn, wie er heißt.

Er sagt: Enzo.

Ich rühre mich nicht.

Ein Euro, wiederholt er.

Ich schaue ihn nur stumm an und er lässt die Cola wieder in den Eimer fallen. Meine Dose landet im Wasser wie eine Auster, die zurück ins Meer gehüpft ist. Mein Schweiß ist getrocknet, seine Hose flattert nicht mehr im Wind. Er nimmt den Wassereimer, kehrt mir den Rücken zu und ich gehe zurück an den Strand.

**Volker Mrogenda**

# Hartmut

Sonne. Kucktse euch nomma an, Männer. Grinsen und Anfeuerung. Ab in die Kaue, Klamotten mit Namen in abgefragten Größen auf Stapeln. Alles aus, alles an. Graue Zechenfeinripp-baumwollwäsche, Hemdhosejacke, Sicherheitsknöchelschuhe, Schienbeinschoner, Handschuhe. Rote Helme; heißt für die Profis: Achtung, Idioten! Helmsteckgrubenlampe, Atemschutzmaske am Gürtel. Der Steiger voran in den dreistöckigen Förderkorb, die Gruppe hinterher auf Tuchfühlung mit Mittagsschichtkumpels. Beim Aussteigenlassenwarten vorher von der Frühschicht „Na, Mädels, wollta euch ma widda richtich dreckich machn?" Die Seilfahrt beginnt. In Schummerlicht mit voller Beschleunigung von Eben auf Jetzt. Wie auf Crange inne Achterbahn, vonne höchsten Stelle. Kommt dir vor wie nicht ganz freier Fall, aber kurz davor. Unbehelmte Haare, locker gebundene Halstücher, Nervosität und Anspannung und Schiss wirbeln durcheinander. Manches geht flöten durch Löcher und Fugen des rumpelnden Stahlkorbs, während Schachterdschichten vorbeifliegen. Auf Sohle 6 klamme Luft. Kühle Feuchte. Erst gar nicht schwül. Eher teils frisch. Auf keinen Fall stickig. Durchatmen. Hier noch mal. Und später vielleicht nicht mehr. Oder jedenfalls nicht so. Weiß keiner so ganz genau, was kommt, nicht die Rothelme, oder es weiß jemand gerade doch, und von den Roten ahnen es welche und denken, na, so hart, bedrückend, belastend, beklemmend, berührend, bespritzt, beklopptmussmandochsein, bestaubt, besudelt von drückender Hitze, in der vollen Montur von Helm bis Stahlkappe, die beinahe kein Stück Körperoberfläche unbedeckt lässt, wird es doch wohl nicht werden: Staub, infernalischer Lärm, Kreischen, Brüllen, Heulen und Krachen herabfallenden Gesteins hinter den zwischen die eigenen Stolperschritte unten und Kopfstöße trotz Bücken oben rückenden hydraulischen Schilde, die Geschwindigkeit des Walzenschrämladers, der mit an- und abschwellendem Getöse seine Arbeit von einem im

Streb schlafwandlerisch sicher, öfter an uns Hechelnden und uns dann in die Schilde drückenden vorbeischweinsgallopierenden Kumpel computergesteuert tut, so wird es doch wohl nicht werden. Aber doch gerade so. Tausendeinhundert Meter im Berg. Rutschfest, stahlbekappt und schienbeingeschont auf steinigen Wegen. Vor Kohle. Wege wie Geröllhalden im Gänsemarsch. In der obergleisigen Förderkatze über metertiefe Abgründe. Dunkel im Dunkeln. Hintereinander hockend, rumpelnd, hart in und aus Kurven gerüttelt. Auf dem schnelleren Förderband ab und zu Kumpels. Hier und da glimmert ein Lichtfetzen. Im Schein der Grubenhelmlampen schwebend der Staub, Milliarden und Milliarden von winzigen, sichtbaren Teilchen, stetig und unaufhörlich. Nachher für Tage in Nasen und Poren, in Lungen, in Nagelbetten. Nicht trockensandig, eher schmierig. Glück auf. Alles klar, Kumpel? Ansprache nach Strebdurchgang, wenn jemand japsend, schon mit Fingerkribbeln die Hyperventilation weghoffend. Einer für alle und alle für einen und alle für Hartmut nach seinem Sturz. Vorn in der Gruppe, wo Telefon und Nischenbänke, am Katzenhalteplatz, schon auf dem Rückweg und nach dem Strebdurchgang noch fachsimpelnd, witzelnd, wassertrinkend beieinander gestanden. Wo einer sofort nach über Tage die Leitung hält und die nächste Schicht anfährt und also viele Nothelfer. Nach ihnen gellt jedes Mal der Ruf eine Stunde lang. Bis der Arzt zu Fuß, wo wir noch vorher schwebend. Stolperfallen überall, sich selbst in Gefahr also. Bis er bestätigt, was wir wussten. Hartmuts Ausdemtrittgeraten, der instinktive Griff in ein Fangnetz, der Sturz. Begreifend, dass er, renne ich nach vorn, bin der Erste bei dem da Liegenden. Keine Reaktion auf Ansprache. Starr der Blick, verbissen die Kiefer. Die Brille beim Sturz weg, gibt später jemand mir. Helm ab, Hand hinter den Kopf, die Kiefer zu öffnen, die Zunge raus, die glitschige, schwer zu packen, paar Sekunden, dann. Dann nichts. Kein tiefer Atemzug. Nicht unwillkürlich wie sonst. Überhaupt kein Atmen mehr. Puls erst kaum, dann auch er nicht. Einer pumpt, ich beatme als Erster. Nase im Mund, Kopf leicht überstreckt hebt sich der Brustkorb beim Lufteinstoß. Nicht erst lange überlegt das. Sofort gehandelt und trotzdem. Viele Kumpels pumpen,

pumpen, pumpen, viel Hilfe und trotzdem. Bis der Arzt dann da und Ende sagt und feststellt: tot. Dann Stille. Geordneter Rückzug. Schweigend. Ein Katzenabteil ohne Sitze. Bei Abfahrt ein Blick auf die Stelle ohne Wiederkehr. Schweigend durch die Nacht. Nur das Rattern der Katze, nur sie bewegt sich noch. Die Bänder stehen still. Ist der Sensenmann eingefahren, bleibt alles am Platz stehen, liegen und alle. Auf dem spärlich beleuchteten stummstehenden Förderband blicken wir vorbeiratternd in die wissenden Augen der darauf Hockenden. Keiner rührt sich, bis der Sensenmann wieder ausgefahren ist. Auch am Korb tritt schweigend die Hundertschaft Kumpel zurück, damit wir Roten mit ihm endlich ausfahren. Und oben endlich wieder Sonne, warm und blendend. Nur für Hartmut nichts mehr und keine Sonne.

Suat Özbek

# Am Morgen

*Die Hühner und die Katze*, dachte sie. Sie fegte gründlich über den Hof und stellte die Reisigbündel unter das Vordach. Es begann zu regnen. Über der Mauer sah man die Spitzen der Bäume schaukeln. In der Küche putzte sie den Herd und räumte alles in die Schränke. *Die Hühner und die Katze*. Sie zog die Vorhänge zu und machte das Bett. In der Ferne hörte man die Einschläge. Sie gab allen Pflanzen Wasser und schloss die Türen. Als sie die Hoftür öffnete, um hinauszugehen, schlüpfte die Katze hinein. Sie nahm nochmals den Besen und scheuchte das Tier hinaus. Die Katze lief ihr noch bis zu dem Laden an der Ecke hinterher, in der Annahme, das Futter müsse erst noch gekauft werden.

Suat Özbek

# Nachmittag

Die alte Aischa war zu Besuch. Ihr Gesicht war durch blutenden Schorf und Sonnenbrand so entstellt, dass sie kaum noch als Frau zu erkennen war. Sie wohnte in dem leeren weißen Haus am Hügel und besaß nichts. Wir gaben ihr Geld, eine Schüssel Milch und zwei Brote. Das Geld würde sie für eine Suchanzeige nach ihrem Sohn ausgeben. Er war vor 17 Jahren zur Armee gegangen, kurz nach dem Tod ihres Mannes. Sie bat mich, nach ihrer Wunde auf der Stirn zu sehen und schielte dabei schräg an mir vorbei. Das Licht kam von hinten und blendete sie aus wie am Ende eines alten Films.

**Alice Grünfelder**

# Zimmermädchen

Wie die zu uns kam? Hm, letztes Jahr im Sommer, im Juni war das. Glaub ich. Hat sich hier beworben, wir brauchen ja immer viel Personal in diesem Nobelhotel, aber lange bleibt hier niemand. Und eine war gerade gegangen, also haben sie Siddha eingestellt. Ich bin schon am längsten da, ja, schon fast zwei Jahre, ich bin gern ... Ja, Siddha wurde gleich genommen. Wie? Ob niemand nach den Papieren gefragt hat? Hat sie mir nicht gesagt. War ja nicht dabei, beim Einstellungsgespräch. Und dann ist sie gleich ins Zimmer hier neben meinem gezogen. Kann ich Ihnen jetzt nicht zeigen, da wohnt jemand anderes drin. Hab den Schlüssel nicht, wo kämen wir denn hin, wenn jeder in alle Zimmer gehen könnte? Will auch gar nicht wissen, wie es da drin aussieht. Hab genug damit zu tun, jeden Tag die Betten der Leute zu machen, Bäder reinigen, die Zimmer der Gäste herrichten. Doch, das tu ich gern, ich bin gern hier, die Hände ins lauwarme Wasser, und wisch wisch, und schon ist alles sauber und blinkt, als ob nie jemand da drin gewohnt hätte. Und zum Schluss, wenn ich fertig bin, hole ich die Bibel aus der Schublade und leg sie ganz oben drauf. Trinkgeld? Gibt's kaum noch, nur die Älteren, die wissen noch, was sich gehört, die Jungen und die ganzen Ausländer, nix, da kann man sich noch so sehr anstrengen, die können noch so reich sein. Aber ich bin ja nicht wegen dem Geld hier. Ich bin gern hier, hab ich ja schon gesagt. Sie glauben mir nicht? Von meinem Geld schicke ich immer was an die Eltern, die auf meine Tochter aufpassen.

Ja, als Zimmermädchen erlebt man was. Einmal, da hob ich die Bettdecke, und das Laken war rot, auf beiden Seiten, also das ganze Doppelbett. Vor lauter Schreck hab ich losgeschrien, und mein Chef kam, meinte, ich soll mich zusammenreißen und keinen Radau machen. Das wären wichtige Gäste. Aber das andere Mal, das war wirklich schlimm. Da musste ich Siddha holen. Ich kam in ein Zimmer rein, mir wurde gleich übel. Man weiß ja nie, was einen hinter der Tür erwartet, nie kann man vom Äußeren eines Menschen auf den Zustand des Zimmers schließen. Die können noch so elegant gekleidet sein, und dann ... Da lag also dieser Mann nackt auf dem Bett, hatte alle viere von sich gestreckt, lag in seinem eigenen Erbrochenen, das schon vom Bett herabgetropft war auf seine Kleider drauf, die am Boden lagen. Siddha blieb ganz still, das weiß ich noch, das hat mich beeindruckt, die zog sich die Handschuhe über und räumte das ganze Zeugs zusammen, während ich im Badezimmer hockte und kotzte. Und danach sagte der Gast doch tatsächlich, es würde was fehlen. Siddha hätte was geklaut. Sein Handy, 50 Dollar. Geklaut wird bei uns immer, müssen Sie wissen, aber Siddha? Die wurde gleich entlassen. Am selben Tag noch, das weiß ich, da hat sie so einen dicken gelben Umschlag bekommen. Was ist da drin?, hab ich sie gefragt. Schüttelte nur den Kopf. Siddha hat nie viel gesagt, konnte auch nicht so gut Deutsch. Und als sie die Papiere rausholte, fing sie an zu weinen, ganz leise. Hab noch nie jemanden so leise weinen hören. Ich meine, da heult man doch richtig, aber bei der liefen einfach nur Tränen runter. Als ich sie in den Arm nahm, warf ich rasch einen Blick auf den Brief. „Ablehnung" stand ganz groß drauf. Was heißt das, wollte ich wissen. Sie schüttelte wieder den Kopf, das nervte mich langsam. Musst du weg? Sie nickte, endlich. Warum? Sie schüttelte wieder den Kopf. Die konnte einen verrückt machen mit dem Kopfgewackel. Jedenfalls zog ich sie erst mal in mein Zimmer und schloss hinter uns ab. Und dann erzählte sie, dass sie nichts hat, alle Papiere hat sie fortgeworfen und ist einfach einem Mann nachgegangen, der hat ihr gesagt: Da lauf rüber, über die grüne Wiese da, dann bist du in der Schweiz. Wo kommst du überhaupt her? Aus den Bergen. Meine Eltern haben ein paar Rinder und Ziegen. Und dann ging ich weg. Eines Tages. Und jetzt? Ich musste los, hatte noch zehn Zimmer vor mir. Sie schüttelte den Kopf. Hol deine Sachen, schnell, nachher sehen wir weiter. Dann wohnten wir zu zweit ein paar Monate in meinem Zimmer, hat niemand mitbekommen, wundert mich noch bis heute. Einmal hat sie erzählt, sie hat eine Bekannte, die würde ihr helfen, einen Brief zu schreiben fürs Amt, damit sie nicht gehen muss. Und Siddha durfte auch gar nicht mehr arbeiten, stand in dieser Ablehnung drin. Aber wie soll das denn gehen? Die muss doch von was leben? Siddha war dann in einem Krankenhaus, die haben ihr Arbeit gegeben, Wäsche bügeln und zusammenfalten, hat sie mir erzählt. Aber das darfst du doch gar nicht!, hab ich ihr gesagt. Und dann war sie weg. Ich kam zurück ins Zimmer, und ihre Sachen waren auf einmal nicht mehr da. Undankbares Stück. Hätte mir wenigstens einen Zettel oder so was schreiben können. Wenn die vom Hotel mich erwischt hätten.

Petra Göben

# Joghurt

Eine alte Türkin pflügte durch die Menge am Geldautomaten, ein Junge verteilte Flyer mit dem Aufdruck *Gentrifidingsbums ist Kacke,* das Transparent an der Roten Flora verfluchte Gott, Staat und Vaterland. Vollbärtige Trendsetter mit bunten Kopfhörern und tätowierte Frauen in Sekundärfarben flanierten übers Schulterblatt. Auf der Piazza saßen Pärchen, beste Freundinnen und einsame Nerds an Holztischen voller Bionadeflaschen und iPads. Kleinkinder und Hunde mit Halstüchern tollten herum, es war wie immer in der Schanze, und wie fast immer war Leon müde.

Sein Smartphone surrte, Johanna rief an, weil ihr der probiotische Joghurt ausgegangen war. Konnte er ihr nachher welchen mitbringen? Das wäre süß von ihm. Auch, wenn er die Antwort schon kannte, fragte er, was sie gerade trieb, und natürlich war sie auf Facebook. Ob er vorbeikommen könne, wisse er noch nicht, sagte er, bei ihm würde es spät werden. Bevor sie ihm ein Versprechen aus den Rippen leiern konnte, legte er auf. Sein Holzmodell für das Jessen-Quartier war erst zu drei Vierteln fertig, und die neue Architektin drängte. Wenn er sie als feste Kundin wollte, musste er eine Nachtschicht einlegen. Den Joghurt durfte Johanna gerne selbst besorgen, sobald sie ihre üblichen Banalitäten gepostet hatte.

Vorm Transmontana entdeckte er einen freien Platz und bat zwei junge Frauen am Tisch, ihn eine Minute frei zu halten. Sie blickten vom iPhone auf und nickten. Am Tresen bestellte er Kaffee und einen Croissant und setzte sich nach draußen. Nebenan verfolgten zwei Jungs das Halbfinale der US Open auf ihrem Laptop. Beim Öffnen der Zeitung fühlte er sich aus der Zeit geworfen. Außer ihm las niemand mehr Zeitung. Er blätterte zum Feuilleton und vertiefte sich in den Essay eines japanischen Architekten. Auf halber Strecke spürte er eine Änderung der

Atmosphäre und blickte auf. Die beiden Frauen musterten ihn neugierig. Hatte er Krümel im Mundwinkel? Nein.

„Kann ich was für euch tun?"

Die mit dem blaugefärbten Pferdeschwanz lächelte verlegen. Der Lippenstift der Schwarzhaarigen leuchtete wie der Hydrant, den er letztes Jahr in Arizona gerammt hatte.

„Ich hab mal eine Frage", sagte sie. „Fängt dein Vorname mit L an?"

Leons Name stand nicht auf seinem Overall und auf seiner Website waren die beiden bestimmt nicht gelandet. Architekturmodelle gehörten kaum zu ihren Interessen.

„Nein", sagte er müde.

„Glaub ich aber doch. Und so, wie du aussiehst, fährst du bestimmt Motorrad, eine Suzuki Bandit, sag ich mal. Natürlich in Schwarz."

„Und trotzdem nicht das kleinste Tattoo." Ihre Freundin strahlte. „Aber, warte mal, ich schalte auf Röntgenblick, dafür hast du eine Narbe am Oberschenkel und bestimmt hast du schon mal einen Hydranten gerammt."

„Welche Anfangsbuchstaben habt ihr denn?"

„N wie Nina", sagte die Schwarzhaarige. „Und sie I wie Iris. Warum?"

Leon faltete die Zeitung zusammen.

„Jetzt warte doch mal! Hattest du als Junge einen kleinen Hund?"

Leon kam vom Dorf. Mit siebzehn war er in die Stadt entwischt, wo er sich die Leute aussuchen konnte, mit denen er trank. Er wollte den Dunst der Familie loswerden, die wissenden Blicke und die lauen Freundschaften, die nur überdauerten, weil niemand kam, der sie ablösen konnte. Er wollte entscheiden, was er preisgab oder für sich behielt, wen er an sich heranließ und wen nicht. Er wollte Jungs treffen, die er spannend fand, und Mädels, die weder kochen noch stricken konnten, aber Bücher lasen und beim ersten Tanz nicht gleich ans Heiraten dachten.

Er überquerte die Straße, setzte sich an den Tresen im Saal II und bestellte Weißwein. Durchs Fenster sah er Nina und Iris herüberblicken. Außer seiner Freundin hatte er niemandem von seinem Colliewelpen und dem Ende unterm Mähdrescher erzählt. Von dem Hydranten in Arizona auch nicht.

Johanna war stolz auf ihre 347 Facebookfreunde. Ihn fand sie zu brummig und verschlossen, und wenn er sich weiter gegen einen eigenen Account wehrte, zeigte das nur, wie dick das provinzielle Brett vor seinem Kopf war. Wenn er wissen wollte, was sie über ihn postete, sollte er sie halt fragen, aber verbieten ließ sie sich gar nichts. Dass Frauen über ihre Kerle tratschten und auch mal ein Foto einstellten, war ihm ja wohl klar, und ob beim Kaffee oder im Netz, wo war der Unterschied?

Leon bat den Barkeeper um einen Zettel.

„Jonie", schrieb er, „du hast zu viele Freundinnen im Netz, die mehr von mir wissen, als sie sollten. Die kannst du behalten, mich nicht. Ein schönes Leben noch."

Vorm Transmontana waren Nina und Iris in ihr iPhone vertieft. Im Bioladen kaufte er einen Dreierpack Joghurt, klebte den Zettel auf den mittleren Becher, fand ein Taxi, nannte dem Fahrer Johannas Adresse und gab ihm den Joghurt und 20 Euro.

In der Werkstatt schaltete er das Handy ab und steckte sich eine Zigarette an. Im Modell fehlte noch ein Straßenzug. Bis Mitternacht sollte er fertig werden.

Doris Brockmann

# Mit Händen und Füßen

„Vorsicht ist die Mutter der Porzellankiste", sagt Dr. Rieger und zieht die Augenbrauen hoch. „Angsthasen haben einen fragilen Vater", sagt Elsa. Sie muss immer das letzte Wort haben. Das ist jedoch nicht der Grund für die Therapie. Der Grund ist, dass ein Ton gefunden werden soll. Ein angemessener Ton. Elsa wippt mit dem Fuß und lauert. Dr. Rieger überlegt, was er zum Abendessen kochen könnte. Elsa entwendet eine Büroklammer. Gerne hätte sie noch ein Stempelkissen dazu. Dr. Rieger trifft eine Entscheidung: frikassierte Kalbsfüße mit Zwiebeln und Pilzen, ja. Das verschachtelte Parkettmuster harmoniert mit den Escher-Bildern über dem Schreibtisch. Abgrundtief schön. Nur nicht nach unten schauen. Schon hat man den Boden unter den Füßen verloren. Während die letzten Sandkörner durch das Stundenglas rieseln, fragt Dr. Rieger, was er dann immer fragt: „Und sonst?" – „Keine besonderen Vorkommnisse", pariert Elsa und reißt die Arme hoch. Erstaunlich bleibt, wie sie aus Erdklumpen diese filigranen Deckchen zu formen vermag. Auf dem Adventsbasar sind sie immer als Erste ausverkauft.

**Wiete Lenk**

# Fingerhakeln

Ihr Angebot war das beste, sagt sie und befördert ein Schächtelchen aus ihrer Tasche. Der Inhaber des Juweliergeschäfts, ein hagerer Mann mit glattrasierten Wangen, lächelt geschmeichelt. Er wirft einen Blick in die Schachtel. Die alle? Ja, sagt Marie und hebt ihre Arme. Keine Verwendung mehr. Die Pupillen des Mannes weiten sich. Ah so. Hastig klemmt er sich eine Lupe ins Auge, obwohl das nicht nötig ist. Er hatte es auch ohne Lupe gesehen. Und? Maries Stimme ist heiser. Der Mann sieht nicht auf. Die Goldstempel der Ringe befinden sich in der Innenseite. Marie schaut zur Uhr. Sie will das hier hinter sich bringen. Will, dass der Mann eine Summe nennt und ihr das Geld gibt. Sie pustet sich eine Haarsträhne aus dem Gesicht. Mit ihrem Kinn schiebt sie den Schulterriemen der Tasche zurück. Das hat sie lange üben müssen.

Das wird schon wieder. Die Krankenschwester schielt auf das Namensschild am Fußende. Maries Bettnachbarin trägt ihre Daten am Handgelenk. Später wird noch eine Unterschenkelamputation ins Zimmer gerollt. Ein tragischer Unfall. Wie bei ihr.

Maries Augenlid zuckt. Der Mann nimmt seinen Rechner. Ankaufspreise. Geschäftig fächert er seinen Quittungsblock auf und haucht den Stempel an. Maries Blicke wandern über die Schmucksachen in den Vitrinen: Armbänder, Colliers, Ohrringe, Damen- und Herren-Uhren. Die Kette mit Perlen gibt es in dieser Woche zum Sonderpreis. Ziemlich wenig dafür, dass es Gold ist, sagt sie und wendet sich wieder dem Juwelier zu. Der poliert seine Fingernägel am Jackett-Aufschlag. Ich sagte schon: Ankaufspreise. Marie betrachtet die gepflegten Hände des Mannes. Der ist plötzlich verlegen. Ich könnte eventuell. Er zückt erneut den Rechner. Die Summe ist nur geringfügig höher. Unbeholfen stopft Marie das Geld in die Tasche. Der Juwelier begleitet seine

Kundin zur Tür. Hat mich gefreut. Er hält ihr die Tür auf. Die Hand reicht er ihr nicht.

Vor einem Jahr: Die Geschäfte hatten bereits geschlossen, als sie feststellt, dass sie keine Zigaretten mehr hat. Der Automat in der Kneipe steht neben dem Stammtisch. Die Männer grölen. Fingerhakeln. Es geht um ein Bier, ein paar Schnäpse. Marie sieht zu, wie die Männer sich mühen, einander über den Tisch zu ziehen. Dann das Triumphgeschrei. Sieger ist diesmal der Ältere, der mit dem tätowierten Handrücken. Na Kleene, auch mal? Sie schüttelt den Kopf, hebt ihre Hände, kehrt die Handflächen nach außen und lacht. Draußen zündet sie sich eine Zigarette an. Sie nimmt sich Zeit für den Heimweg. Sie wohnt nur zwei Blöcke entfernt.

Am nächsten Morgen ist Marie früh auf den Beinen. Der letzte Tag, heute. Der Auftrag im ehemaligen Chorherrenstift hatte sich in die Länge gezogen, die Restaurierung des Ziergitters mehr Zeit beansprucht als angenommen. Im Kirchenraum riecht es nach Weihrauch. Maries Rücken schmerzt. Sie lehnt an der Schranke neben dem Altar und verhakt ihre Finger. Die Männer gestern hatten das nur mit dem Zeigefinger gemacht. Die klobigen Arbeitshandschuhe stören. Die zieht sie aus.

Maries Handschuhe liegen noch auf den Altarstufen, als sich das Gitter aus der Verankerung löst. Als Maries Schreie durchs Kirchenschiff hallen und der Arzt ihren Kopf hält, während die Männer vom Rettungsdienst das schwere, rostige Eisengeflecht zersägen.

Marie nimmt die Straßenbahn. Fast wäre sie gestürzt, als der Fahrer bremsen muss. Anhalten, junge Frau. Der Alte fängt Marie auf. Mit dem Rücken sucht Marie Halt an der Fahrertür. Sie bläst eine Haarsträhne aus dem Gesicht. Ich habe heute unnütze Dinge verkauft, sagt sie. Der Preis war zum Kotzen. Der Alte nickt. Schön, schön.

Ihr Unfall liegt außerhalb jeder Statistik. Gleich beide Hände. Das Gitter hat ihr die Finger zermalmt. Das wird schon wieder. Der Umschlag, den die Krankenschwester auf Maries Bettdecke legt, ist schon geöffnet. Vorsorglich. Marie dreht sich zur Seite.

Erst jetzt bemerkt sie das Hörgerät. Frühstück bei Tiffany, schreit sie dem Alten ins Ohr. Der sieht sie unverwandt an. Ja, sagt Marie. Ich hab heute zwischen all solchen Klunkern gefrühstückt. Maries Augen funkeln. Marmelade mit Toast, das kann jeder. Der Alte kratzt sich am Ohr.

Als Marie den Umschlag heranzieht, ist sie erstaunt. *Spenden auch Sie!* Marie studiert die Drucke: Bilder von Blumen, Birkenwäldchen, von jonglierenden Clowns. Sie reicht die Karten der Mund- und Fußmaler an die Unterschenkelamputation weiter. Na, bitte. Jetzt weiß ich wenigstens, wie's mit mir weitergeht.

Der Alte faltet seine Zeitung zusammen. Marie tritt beiseite. Bevor er die Bahn verlässt, dreht er sich noch mal um. Zum Frühstück einen Toast. Mit Honig. Akazienhonig. Er winkt, als die Bahn anfährt.

Ihre Prothesen bestehen aus einer Innenhand und dem Kosmetikhandschuh. Die Stellung des Handgelenks habe ich Ihrer Hand nachempfunden, die einzelnen Finger mit Drahteinlagen verstärkt. Maries Shirt ist schweißnass. Wie praktisch, sagt sie. Der Orthopädie-Mechaniker kramt zwei Zigaretten hervor und brennt sie an. Danke. Marie raucht mit kräftigen Zügen.

Verena Richter

# Der Stuhl, 4'33

Hier ist frei, sehen Sie jemanden sitzen, nein, also freier geht es nicht, bitte setzen Sie sich. Mit Sitzen kenne ich mich aus, obwohl ich selbst mein ganzes Leben gestanden bin. Die Tragödie eines Stuhls, Sie verstehen. Was hat sich die Sprache dabei gedacht? Ein Stuhl kann stehen oder liegen, sitzen kann er nicht. Genau wie ein Bett, es liegt nicht, es wird belegt. Oder nehmen Sie das Leben. Das Leben lebt nicht, solange es niemanden gibt, der es auf sich nimmt, also es *wird* gelebt.

Wie komme ich auf diese Gedanken, bin ich Sokrates oder was, nein, nein, zu viel Bier, zu viel Wein und irgendwann wissen Sie nicht mehr, was Sie denken. Sie *werden* gedacht. In vino veritas, heißt es, allerdings wenn Sie mich fragen: Das Einzige, was Sie im Wein finden, ist Wein. Die letzten zehn Jahre stehe ich in diesem Café und hab' so manches Glas abbekommen, aber Wahrheit war nie mit dabei. Was ich Ihnen sagen will, nach dem dritten fangen die Leute an aufs Polster zu kleckern, da können Sie Ihre Lebensversicherung darauf verwetten. Schauen Sie mich an. Apropos, was wollen Sie trinken. Wasser? Das habe ich gleich gemerkt, dass *Sie* etwas Besonderes sind. Am Ende ohne Kohlensäure, ein jeder nach seiner Art, Hauptsache, man kennt seine Straße zum Glück. Die meisten finden heute ohne Navi nicht einmal den Weg zu den eigenen Füßen. Ihre sind unter dem Tisch, falls Sie sich gefragt haben. Ich erzähle Ihnen jetzt etwas über den Lärm. Wenn es Sie nicht interessiert, hören Sie weg, Sie werden merken, dass es nicht funktioniert. Das ist der Punkt, ein Geräusch, wenn es da ist, ist es da für jeden, der Ohren hat. Manche haben Ohren und haben gleichzeitig keine.

Hören Sie die Bedienung, wie sie Ihr Glas auf den Tisch stellt? Fast könnte man meinen, die Dinge wären von sich aus laut. Sind sie nicht. Sie werden laut gemacht. Der Mensch ist ein Lärmwesen, ein homo rumorosus, die Stille, das geatmete Nichts, das kann er nicht ertragen. Allein, auf sich zurückgeworfen, wäre er gezwungen, endlich einmal seinen Geist zu beruhigen. Nicht auszudenken, was das Ergebnis wäre. So eine Einsicht, wenn Sie die mal besitzen, kriegen Sie so schnell nicht mehr los.

Ich hab' sie alle gehört. Die Bachs und Beethovens, ta-ta-ta-taaa, rauf und runter, erste Reihe, Stuhl vom Konzertmeister und von hinten sägt Ihnen immer jemand am Holz. Aber wissen Sie, welches Stück mir bis heute am meisten in Erinnerung geblieben ist? John Cage, 4 Minuten 33. Musik ohne Musik, tacet, drei Sätze lang. Sie können das lächerlich finden oder genial, Tatsache ist: Es lässt niemanden kalt. Das Nichts rührt an unserer Existenz. Es gab hier einen Stammgast, mit Kopfhörern groß wie zwei Bratpfannen hat er sich ins Café gesetzt und Rührei gegessen. Jeden Morgen. Was für ein Kerl. Er hatte diese Art, immer ganz vorne an der Kante zu sitzen. Eine Mischung aus Glenn Gould und Woody Allen. Nach ein paar Wochen habe ich ihn gefragt, was er sich anhört. Und er sagt: „Nichts." Er setzt sich die Kopfhörer auf, um weniger zu hören. Die teuersten Dinger und hört damit 4 Minuten 33 in Dauerschleife. Seine Straße zum Glück. Es gibt zu wenig Nichts auf der Welt, das wollte ich Ihnen noch mitgeben. Wie oft hätte ich mir zwei Bratpfannenkopfhörer gewünscht, denken Sie darüber nach. Und wenn Sie nach Hause kommen, schließen Sie die Tür à la John Cage, einfach so, für mehr Nichts.

**Saskia Wolff**

# Onkel Karls Hütte

Ich drehe mich um und verfalle in Laufschritt, erst in leichten Trab, dann werde ich immer schneller. Ich schaue auf meine Füße, wie sie abwechselnd unter mir nach vorn fliegen, meine blauen Turnschuhe mit den orangefarbenen Streifen, die schon nicht mehr richtig orange sind, sondern die Farbe von dieser Jagdwurst in Dosen haben, die es bei Oma immer gibt. Während ich das denke, wundere ich mich, dass ich jetzt über die Farbe meiner Turnschuhe nachdenke. Ich laufe immer schneller, es ist gleichzeitig ganz leicht und anstrengend, und ich merke, wie nicht genug Luft in meine Lungen hineinkommt. Oder hinaus? Ich kann trotzdem nicht stehen bleiben, ich sehe den Waldrand, der näher kommt, die Schottersteine spritzen unter meinen Füßen zu allen Seiten weg, ich stolpere und falle beinahe hin. Taumelnd fange ich mich wieder. Weiter. Ich höre nur noch mein Keuchen und spüre ein Stechen in der Brust. Erst als ich den Waldrand erreiche, wage ich, mich umzusehen. Niemand hat mich verfolgt, vielleicht haben sie mich gar nicht bemerkt, denke ich. Dann fällt mir Annalenas Blick ein, und ich weiß, dass das nicht stimmt. Sie hat mich angeschaut und durch mich durchgeschaut. Sie hat nicht geweint oder so. Sie stand einfach nur da, regungslos, während er seltsam atmend vor ihr kniete.

Ich krieche durchs Unterholz, weiter in den Wald, den Weg finde ich im Schlaf. Den Unterstand haben wir letzten Sommer schon gebaut. Dieses Frühjahr haben wir ein paar Äste erneuert. Karl sagt, man muss das jedes Jahr machen. Er kennt sich aus, er hat sogar mal im Wald gewohnt, als er Ärger mit Opa hatte. Hat er gesagt. Ich habe Oma nicht danach gefragt, ob es stimmt. Es kann schon sein, Mama war immer Opas Lieblingskind und Karl war der Wilde, sagt Oma, aber sie sagt es mit einem Lachen, als ob ihr das gefällt. Letztes Jahr haben Karl und ich einmal im Wald übernachtet, obwohl Mama es erst nicht erlauben wollte. Was soll schon passieren, hat Karl gesagt, ich bin doch dabei. Mama hat ihn nur lange angeschaut, es dann aber doch erlaubt. Wir haben Holz gesammelt und Feuer gemacht und Stockbrot geröstet, und später hat Karl gesungen, schöne und traurige Lieder.

Der Unterschlupf sieht gut aus, wie eine winzige grüne Hütte, und er ist trocken. Ich krieche hinein und hocke dort. Meine Beine zittern, und meine Hände auch, aber kalt ist mir nicht. Langsam bekomme ich wieder Luft. Ich weiß, dass ich nicht hierbleiben kann, spätestens wenn es Zeit fürs Abendessen ist, wird Mama merken, dass ich nicht da bin. Und wo ich bin, wird sie sich sicher schnell denken. Ich habe nicht darüber nachgedacht, was ich mache, wenn sie Karl schickt, um mich zu holen. Draußen knackt es, wie wenn einer versucht, kein Geräusch zu machen. Ich halte die Luft an. Vielleicht ist es nur ein Tier, letzten Sommer haben wir Rehe gesehen und Eichhörnchen. Es knackt noch mal und Annalena steckt den Kopf durch den Eingang. Sie sagt nichts, sondern setzt sich einfach neben mich. Sie sieht ganz normal aus und ich frage mich, ob ich mir das alles ausgedacht habe oder ob ich sie wirklich gesehen habe, dort in der Scheune. Da schiebt sie ihre Hand in meine und irgendwie weiß ich, dass ich das alles nicht erfunden habe. Ich kann sie nicht ansehen und wir bleiben einfach so sitzen und keiner sagt etwas. Draußen wird es dämmerig und ich weiß nicht, ob wir zehn Minuten oder zwei Stunden so gesessen haben. Annalena sagt, dass wir gehen müssen, Abendessen. Da schaue ich sie an und will etwas sagen, aber sie legt sich den Zeigefinger an die Lippen und streicht mir mit der anderen Hand die Haare aus der Stirn, als wäre sie die große Schwester und nicht ich der große Bruder, der sie beschützen müsste. Er muss ins Gefängnis, wenn wir jemandem etwas erzählen, ganz leise sagt sie das und sieht mich nicht an dabei. Wir kriechen hintereinander aus dem Unterschlupf und gehen schweigend den ganzen Weg zurück, Hand in Hand. Sie lässt mich erst los, als wir Mama in der Tür stehen sehen. Sie ruft: „Da seid ihr ja endlich!" Karl sitzt am Küchentisch, als wäre nichts gewesen. Er schaut nicht mal hoch, als wir reinkommen.

**Annette Schmitz-Dowidat**

# Vor der Tür

In der Nacht wachte Wolfenberger auf. Auf dem Flur lärmten Gäste, eine Frau lachte laut auf, mehrere Männerstimmen waren zu hören. Die Sprache verstand Wolfenberger nicht, es klang osteuropäisch, wahrscheinlich waren sie betrunken.

Wieder ärgerte er sich, dass er das Zimmer neben dem Aufzug erwischt hatte. Ein Tausch war nicht mehr möglich gewesen, das Hotel war wegen der Messe ausgebucht.

Wolfenberger setzte sich im Bett auf. Auf der Straße fuhr ein Auto vorbei, durch den Spalt in den Vorhängen leuchteten kurz die Scheinwerfer. Dann war es wieder dunkel im Zimmer. Die Stimmen klangen jetzt aggressiver, zwei Männer schienen aneinandergeraten zu sein, dazwischen die Frauenstimme, die zu beschwichtigen versuchte. Plötzlich schrie jemand auf, und Wolfenberger hörte einen dumpfen Schlag gegen die Wand.

Wolfenberger saß reglos im Bett und horchte, mit beiden Händen umklammerte er die Decke. Vor dem Zimmer war es still. Er tastete nach dem Telefon, das auf dem kleinen Tisch neben dem Bett stand. Im Dunkeln konnte er die Ziffern nicht erkennen, doch Wolfenberger wagte nicht, das Licht einzuschalten. Der Lärm vom ersten Stock musste auch an der Rezeption zu hören gewesen sein, sicher würde gleich jemand hinaufkommen.
Auf dem Flur flüsterten Stimmen, dann war ein Schleifen zu hören. Und stöhnte nicht auch jemand?

Endlich hörte Wolfenberger den Aufzug, sicher käme jetzt der Nachtportier. Die Aufzugtüren glitten mit einem leisen Sirren auseinander, dann hörte es sich an, als würde etwas Schweres in den Aufzug gezogen. Die Türen schlossen sich wieder und der Aufzug schien nach unten zu fahren.

Es war jetzt ganz still.

Wolfenberger lauschte in die Dunkelheit und bewegte sich nicht.

Karr & Wehner

# Das Gebet

– Sitzen Sie bequem?
– Das interessiert Sie doch gar nicht.
– Dann lassen Sie uns mit der Befragung anfangen ...

*Der Dom stand da, fast schwarz im Gegenlicht, wie er seit Jahrhunderten den Platz überragte. Die Sonne stand tief hinter der Kuppel. Sie hatten die Zeremonie wegen des erwarteten Andrangs auf den Platz verlegt. Es war keiner dieser üblichen Mittwochvormittage, keine dieser gewöhnlichen Generalaudienzen gewesen. 20.000 Plätze waren einfach zu wenig. Erwartet wurden mindestens 30.000. Für den Heiligen Stuhl war das kein Problem, zur Ostermesse kam gut die doppelte Zahl von Gläubigen. Alles Routine für die Rettungssanitäter und die Notärzte. Es hieß, es seien auch immer ein paar Priester auf Stand-by für Letzte Ölungen und Sterbesakramente. Selbstverständlich nicht in Hör- und Sichtweite der Kameras von CNN, Radio Vatikan, Bibel-TV, Hope Channel.*

– Und da gab es diese Bedrohungslage ... Seine Heiligkeit hatte gerade den Dom verlassen und war auf dem Weg zur Bühne, also dem Altar ...
– Dreißig Sekunden. Das war die Zeit, die dafür vorgegeben war. Eine halbe Minute. Auf dem Weg durch die Gasse, die Menschenmenge. Das war die Lage, als ...
– ... es die Drohung gab. Und was haben Sie getan?
– Gebetet.

*Natürlich war alles voller Sicherheit. Sichtbare wie die Schweizer Garde und die Gendarmeria Vaticana. Aber auch deren Sondereinheiten, die seit dem Attentat von Ali Ağca eingesetzt wurden. Auch die Ermordung des Kommandanten der Schweizergarde und seiner Ehefrau im Mai 1998 hatte viele misstrauisch gemacht. Niemand glaubte ernsthaft, dass ein junger Gardist in einem „Anfall von Wahnsinn" seinen Vorgesetzten und dessen Frau umgebracht und danach seinem Leben durch einen Schuss in den Mund ein Ende bereitet hätte.*

– Es gab also die Drohung ...
– Nein, die Bedrohung. Das war etwas ganz anderes. Die Drohung war der Übertragungswagen des Fernsehens gewesen, draußen, der in Flammen aufgegangen ist. Genau wie es der Anrufer angekündigt hatte. Die Drohung hat uns Gewissheit gegeben, dass er es ernst meinte. Dass auf der Trittstufe zur Bühne, dass dort ein Kontakt scharf geschaltet ist, der eine Sprengvorrichtung auslöst. Sobald er belastet wird. Also sobald Seine Heiligkeit die Stufen zur Bühne hinaufgehen würde.

*Es gab ständig Drohungen. In der Post, am Telefon, im Netz. Die Templer, die Satanisten, Dschihadisten, Tschekisten, Raelianer, Darth Vader – die Welt wimmelte von Psychopathen, und von nicht wenigen, die zu allem fähig waren. Manche waren käuflich, also berechenbar. Andere hörten Stimmen, waren auserkoren, auf einem endlosen Trip von Bethlehem bis Aum. Gegen die halfen nur robuste Maßnahmen. Und Kontakte, belastbare Kontakte.*

– Und Sie taten ...
– ... nein, lassen Sie mich ausreden! Wir waren sicher. Und es gab keine Möglichkeit, es abzuwenden. Die Kommunikation mit den Bodyguards Seiner Heiligkeit ... ausgefallen, vermutlich sabotiert. Es gab nur uns – mich und den Nuntius, dort oben in der Loge. Der Nuntius war keine Hilfe. Wir hatten nur Funkkontakt zur Sicherheitszentrale.
– Und die Bombe ...
– ... sollte eine enorme Sprengkraft haben. Das hat der Attentäter erklärt. Es war von mehr als 500 Toten auszugehen. Viel mehr. Und einer riesigen Zahl von Schwerverletzten. Es gab nur eine Möglichkeit, all das zu verhindern.
– Und zwar?

*Ultima Ratio. Für manche Dinge gab es keine Dienstanweisung. Keine philosophischen, theologischen Entscheidungshilfen. Das war der Job. Griechische Götter und ihre Sagenschreiber kannten auch nur ausweglose Situationen. Eli, Eli, lama sabachthani. Die Kuppel des Doms ragte über alle Gebäude. Auf dem Platz standen Gläubige und Touristen wie gewohnt Kopf an Kopf, betend, singend, den Rosenkranz durch die Fingen gleiten lassend. Auf den vier Videowalls sahen sie sich selbst in Großaufnahme, die angereisten Nonnen, die Pilger, die Rollstuhlfahrergruppen, die Bildungstouristen. Die Tauben hatten sich zurückgezogen, kreisten über dem Dom. Urbi et orbi.*

– Verstehen Sie, Seine Heiligkeit würde auf seinem Weg zur Bühne unweigerlich den Trittkontakt auslösen. Es gab keine Möglichkeit, ihn in der kurzen Zeit aufzuhalten.
– Es sei denn ...
– Ich bin Präzisions-Schütze, verstehen Sie. Und Seine Heiligkeit war nur 70 Meter entfernt. Meine Optionen waren klar.

*Die Piazza San Pietro war leer. Nur die Tauben waren zurückgekehrt. Gurrten, flatterten um die Kolonnaden, trippelten über das Kopfsteinpflaster. Der Obelisk hatte seinen Schatten um eine Stunde vorgerückt. Die Brunnen rauschten. Von der Basilika schauten Jesus und die Heiligenstatuen regungslos über den Platz.*

– Ihre Optionen waren also ...
– ... zu schießen. Seine Heiligkeit mit hinreichender Sicherheit auszuschalten, damit er den Sprengkontakt nicht auslöste.
– Oder ...
– ... nicht zu schießen, die Explosion zuzulassen, die Hunderte getötet hätte.
– Und Sie haben ... was getan? In dieser Situation?
– Wie ich sagte ...
– Was?
– Ich habe ... gebetet.

Karin Peschka

# Am Morgen, am Pier

Am Pier, zwischen dem Anlegeplatz der Prinz Leopold und der Stelle, wo das Luftkissenboot Wien-Bratislava unbeteiligt im Donauwasser schaukelt, nach vorne schauend, flussabwärts. Dort lag der nackte Mann am Boden, auf der Seite, die Beine angezogen, die Arme vor die Brust gepresst, Kinn, Mund und Nase hinter den Handschalen verborgen, die Augen sehr weit geöffnet. Ich sah in die Richtung, in die sie wiesen, sah nichts. Drehte mich zurück, da hatte er mich in seinen Blick gefasst, ohne sich sonst ein Winziges zu bewegen. Frühmorgendämmer zog über die Stadt. Der Tag, er schlich, wollte nicht stören, hielt den Vögeln den Schnabel zu, so hörte es sich an: ein gedämpftes Sich-Regen in den Bäumen, vereinzelte Laute, ein Anheben, das sich gleich unterbrach.

Ich hockte mich vor den Mann, sehr nah, legte den Kopf schief und starrte zurück eine Zeit. Kam ein Wind auf, er rollte altes Zeitungspapier über den Weg, verfing sich unter Drahtgestellbänken. Manchmal sehe ich hier Ratten um diese Stunde, einmal kauerte ein Biber auf den Stufen zum Fluss und sehnte sich wohl zur Insel hinüber.

Der Wind zerfuhr die Haare des Nackten. Ein wenig musste ich mich recken in dieser Stellung, um das Geschlecht zu betrachten, zumindest zum Teil, der Rest eingeklemmt zwischen den Oberschenkeln, die waren gar nicht so mager, ein ganz normaler Mann. Mittelgroß, eher schlank, der Hodensack etwas zu geschwollen im Verhältnis. Aber möglich, ich täusche mich. War er arm? Wieder sah ich mich um, suchte nach Kleidung, nach Schuhen, nach Dingen, die zu ihm gehören könnten. Nichts, nur leere Flächen.

Es kam kein Geräusch von dem Mann. Ich beugte das Ohr hinunter zu den Händen, hinter denen ein Atmen sein musste. Er sah mich an, nach wie vor. Ich stützte mich auf den Boden, kalt war der, die Nacht hatte alles Warme weggewischt, natürlich, war schon Oktober, hätte auch Nebel haben können, wäre nicht verkehrt gewesen. Graue Bilder durchzogen meine Gedanken, während ich lauschte, so nah, dass ich die Haut seiner Hände fühlte und seinen Atem nicht hörte, aber roch.

Ich zögerte die Handlung hinaus, die sich aufdrängte, die das Netz zerstören würde, das fein und spinnig über der Szene hing. Plätscherten die Wellen, sprang da und dort ein Fisch, fliehend oder jagend. Tanzten aber keine Mücken über dem Wasser; die Menschen, die sich anstellen würden bald für den Ausflug per Schiff, für die Fahrt durch den Donaukanal zum Schwedenplatz, an Graffitis vorbei und unter Brücken durch. Diese Menschen schliefen noch, zwei, drei Stunden. Während verschlafene Hotelangestellte die Frühstückbüfetts arrangierten, langsam, kleine Butterwürfel, den Käse geschnitten, Gouda und Brie, der Fruchtsalat aus der Konserve.

Und ich, und er, und das feine Netz. Verkehr wehte vom Handelskai herüber. Musste mich aufrichten, die Knie, die Handflächen taten mir weh, auch glaubte ich Schritte zu hören, das Traben eines Joggers, wollte nachsehen, ob wer kam. Nur wurde ich am Haar gezogen. Der Nackte hatte einen kleinen Finger weggestreckt aus dem gefalteten Dach der Hände, damit die Strähne eingefangen, die war mir aus dem losen Zopf gerutscht. Er klemmte sie fest an das Händedach mit diesem einen Finger. Ich wäre einfach freigekommen. Blieb aber, kauerte mich zurück, war gefangen und gehalten ohne Not.

In den Alleen hatten sich die Vögel ausgeräuspert, zogen nun lautstark Grenzen, einer fing an, die anderen fielen ein. Griff auch schon die Sonne herüber, schob – sehr flach noch – rotgebündelte Strahlen zwischen die Schatten. Ich ergab mich, legte mich hin, vorsichtig, um die Strähne nicht aus den Fingern des

Nackten zu lösen, lag mit der rechten Wange auf dem körnigen Asphalt, sah direkt in den Sonnenaufgang und hätte gern gewusst, ob der Nackte hinter mir ihn ebenfalls sah.

Nur ganz kurz dauerte das. Nur einen Bruchteil.

Als tatsächlich jemand des Weges kam, richtete ich mich auf mit einem Ruck. Einzelne Haare blieben zurück in den Fingern des Mannes, der die Augen wieder verschloss und noch kleiner sich krümmte vor mir auf dem Boden.

Der Nackte wurde bedeckt. Ich stand daneben. Tippte den Notruf in mein Telefon, teilte Ort und Anlass mit, tat beschäftigt, drehte mich dabei etwas zur Seite, um mir, unauffällig, den Staub aus dem Gesicht zu wischen.

**Heide Floor**

# Am Mittellandkanal

Die Bombenlöcher muss sie noch gesehen haben, dort am Mittellandkanal, nicht weit von der Brücke. Aber sie weiß nichts mehr davon. Sie erinnert sich nur an Bauern, die bei flimmernder Hitze die Felder mähten.

Verbrechen hat sie gesehen, im Traum, ob sie tatsächlich geschehen sind, kann sie nur vermuten. Stattdessen raunen noch immer die Motoren der Frachtkähne in ihrem Kopf, die mal hoch und mal niedrig über den Mittellandkanal schipperten und in Tieflage, meist mit Kohle in ihrem Inneren, von den Kindern in schlabbernden Badehosen gut zu erklettern waren. Hatten die Kinder erst einmal das Schiff erobert, war der Steuermann zu sehen, der Wind blies, es roch nach Weite und etwas ganz anderem.

Am Himmel muss sich einiges getan haben in jener Zeit, doch sie weiß nur aus Erzählungen davon. Dafür hört sie noch immer die Maikäfer brummen. Mal ist es ein Kaiser, der in ihrer Zigarrenkiste krabbelt, mal ein Müller. Und manchmal sieht sie sich einen fetten Engerling aus der Erde graben.

Weit weg sind die Sirenen, die die Luft durchschnitten. Gerade mal ein paar Sätze der Eltern, die nie viel sprachen, sind noch da. Sie fühlt es nicht, aber sie weiß, dass die Ufersteine am Kanal oft die Füße verletzten. Doch es gab nur diesen Weg ins Wasser und auf die Schiffe. Vierzig, sechzig, hundert Meter Weite, Abenteuer, Freiheit, und ein Steuermann, der herüberdrohte. Dann der schnelle Sprung zurück ins Wasser.

Deutlich sieht sie den angeschwemmten Koks am Ufer des Kanals und die anderen Kinder, halbnackt, die ihn im Unterhemd sammelten und heimtrugen.

Die Soldaten sind fort, lange schon. Übrig geblieben ist das Bild eines Onkels, das ein Leben lang im Schlafzimmer der Tante hing. Er trug eine Uniform und die Tante zwei Eheringe, die sie mit ins Grab nahm.

Die Waffen und Geschosse, die die Älteren von ihnen aus dem Mittellandkanal nahe der Brücke vom Grund herauftauchten, erscheinen nur noch Grau in Grau. Erst recht der Finger des Nachbarjungen, der so lange auf die Geschosse klopfte, bis der halbe Finger fort war.

Sie hört das pfeifende Switschswitsch, wenn die glatten Steine übers Wasser sprangen und Kreise bildeten und weiß, dass sie wach wurde vom Poltern und den Donnerstimmen. Verstanden hat sie nichts. Stattdessen hört sie bis heute das Summen der Bienen und Hummeln und riecht den Wasser- und Teergeruch des Mittellandkanals. Manchmal sieht sie auf der Uferböschung des Kanals ein Mädchen Löwenzahn für ein graues Kaninchen mit großen Ohren sammeln. Das Mädchen trägt ein Strickkleid mit Sternenmuster. Sie glaubt, dieses Mädchen zu kennen, aber es kann auch ein ganz anderes sein.

Else Zett

# Nur ein paar Dosen Bier

Er hatte nur ein paar Dosen Bier holen wollen unten im Dorf. Damit er sich einen gemütlichen Abend machen konnte. Mit dem Rad wäre er in zehn Minuten unten gewesen. Aber dem Hund zuliebe war er zu Fuß gegangen. Eine gute Stunde bis zum Dorfladen und zurück mindestens anderthalb. Das hatte er seiner Schwester versprechen müssen, dass der Hund seinen Auslauf bekam. Und dass die Fenster und Türen jedes Mal verriegelt würden, wenn er wegginge. Auch das hatte er fest versprochen. Sonst hätte sie ihn nicht hier wohnen lassen in ihrem Weekend-Häuschen im Schwarzwald, während sie selber lieber Ferien auf Gran Canaria machte. Und deshalb saß er jetzt draußen vor dem Häuschen und konnte nicht hinein. Alle Fensterläden einbruchsicher von innen verriegelt und die Haustür doppelt abgeschlossen. Und den Schlüssel zur Haustür hatte Jerry, der Hund. Das heißt, der Schlüssel war in der kleinen Tasche, die vor Jerrys breiter Brust hing, wie das Branntweinfässchen der Rettungs-Bernhardiner. In diese Tasche legte er immer alles Wichtige, das Handy, die Brieftasche mit der Kreditkarte und eben den Schlüssel. Denn er selbst verlor solche Dinge gern, ließ sie irgendwo liegen und wusste nicht mehr wo. Aber Jerry war zuverlässig und ihm würde auch keiner etwas klauen. Er war groß und sah gefährlich aus. Und jetzt saß er wohl immer noch vor dem Dorfladen, hoch aufgerichtet, mit nervös zuckenden Ohren, so wie er ihn dort zurückgelassen hatte, vor etwa drei Stunden.

Er hatte im Laden den Nachbarn getroffen und war mit ihm noch schnell auf ein Bier in die nahe gelegene Kneipe gegangen. Hier in der Einsamkeit musste man gute Nachbarschaft halten. Ob er mit ihm zurückfahren wolle, hatte der Nachbar ein paar Biere später gefragt. Da stand die Sonne schon tief, es war ja Herbst. Als er oben bei der Abzweigung zum Häuschen der Schwester aus dem Wagen des Nachbarn ausgestiegen war, hatte es schon angefangen, einzudunkeln. Und erst als er an die Haustüre kam und das Türschloss im Dämmerlicht golden schimmern sah, war ihm der Hund wieder eingefallen. Er hatte ihn vor dem Laden vergessen.

Er nahm eine Dose Bier aus dem Rucksack und setzte sich auf die Stufen vor der Haustür. Wenigstens hatte er das Bier. Aber er musste den Hund holen. Mit dem Fahrrad wäre er schnell dort. Aber das Fahrrad stand im Schuppen und der Schuppen war verschlossen und der Schlüssel hing im Haus an seinem Haken. Er hängte ihn immer an diesen Haken, damit er ihn nicht mit sich herumtragen musste. Er fröstelte in seinem dünnen Hemd und dachte an die Jacke im Haus. Dort waren auch das Brot und die fein geschnittene Salami und das Hundefutter. Alles gestern gekauft, nur ein paar Dosen Bier hatte er sich heute noch besorgen wollen. Und dem Hund zuliebe war er zu Fuß gegangen.

Er trank das Bier aus und nahm sicherheitshalber noch eine Dose aus dem Rucksack. Dann machte er sich stolpernd auf den Weg durch die Dunkelheit. Zum Glück stand ein Stück Mond am Horizont. Eine Taschenlampe wäre trotzdem nicht schlecht gewesen, aber die lag natürlich auch irgendwo im Haus.

Der arme Jerry, dachte er unterwegs. Ob er überhaupt noch dort saß? Sicher hatte er angefangen zu jammern. Vielleicht hatte jemand die Polizei angerufen. Das fehlte gerade noch, dass er den Hund bei der Polizei abholen musste. Er umklammerte die Bierdose. Jedenfalls könnte er sich ausweisen, dachte er, Jerry hatte ja auch den Personalausweis dabei.

Aber Jerry war noch da. Er sah ihn von Weitem. Auf dem leeren Platz vor dem Dorfladen saß er allein und zitternd vor Unruhe, eine dunkle Silhouette im Licht der Straßenlaterne, und stieß ein lautes Geheul aus, als er ihn kommen sah. Schuldbewusst griff er in die Hosentasche, wo er immer ein paar Hundekuchen mit sich trug. Er hasste diese Dinger. Sie zerbröselten und überzogen alles mit einem Geruch nach getrocknetem Fisch. Es war widerlich, wenn sie aus Versehen in die Nähe des Taschentuchs gerieten. Deshalb steckte er sie immer in die linke Tasche, wo sonst nichts sein durfte. Aber jetzt war da etwas, schmal und kühl. Da fiel es ihm sofort wieder ein. Er war noch einmal ins Haus gegangen, um sich eine Zehnernote in die Brusttasche zu stecken, damit er vor dem Laden dem Hund nicht die Tasche abnehmen müsste. Mit der linken Hand hatte er die Tür verschlossen, weil er rechts den ungeduldigen Hund an der Leine hielt. Und dann hatte er den Schlüssel einfach in die Hosentasche gesteckt.

Er stellte die Bierdose auf die Stufen vor dem Laden und ließ sich daneben fallen. Noch bevor er die Dose öffnete, vergrub er sein Gesicht in das Fell des Hundes, der sich vor Freude gar nicht beruhigen konnte. Da saß er lange, zitterte vor Kälte und lachte, bis ihm die Tränen kamen.

**Doris Brockmann**

# Staller & Wadloff

Staller trägt stets Fliege, sogar bei 30 Grad. Niemand im Haus hat ihn jemals in Schlappen gesehen. Gepflegte Unterhaltung, sagt Staller, ist das A und O menschlichen Miteinanders. Gedankenlose Wortwahl nennt er rumpelige Sprache.

Wadloff bevorzugt offene Hemdkragen und Hosenträger. Stil sei auch ohne Einengung möglich, sagt er, und im Übrigen unverzichtbar. Wadloff trägt stets Hut. Den zieht er in weitem Bogen vom Kopf, wenn er wen Bekanntes trifft. Ein Mann ohne Hut sei wie ein Tisch ohne Verhandlung.

Dass die beiden Männer sich in diesem Haus gefunden haben, ist orthonormal: Es ist recht und richtig, und es ist folgerichtig, denn dieses Haus ist so rechtwinklig, da kreuzt jeder Gang alsbald einen anderen, und wer sich darauf befindet, kommt wohl oder übel, früher oder später jemand anderem senkrecht in die Quere. Bei Staller & Wadloff ereignete es sich bereits früh und erwies sich als angenehm, richtig oder, wenn man so will, als ortho.

Normal ist seitdem für beide, sich nach dem Mittagessen zu treffen und die Weltlage zu besprechen. Im Großen wie im Kleinen. Beim Kleinen sind einige Themen tabu: Krankheiten, Verwandte und Geldsorgen. Darüber wird weltweit schon genug gesprochen. Wadloff hatte anfangs große Mühe, nicht von Krankheiten zu sprechen. Das hat sich inzwischen aber bedeutend gebessert, nicht zuletzt aufgrund des konsequenten Verhaltens von Staller, der entsprechenden Äußerungen keine Beachtung schenkt, stattdessen etwa ein Likörchen kredenzt, eine Zarah-Leander-Platte auflegt oder ein eher weniger klassisches Gedicht rezitiert:
„Der Herbst steht auf der Leiter
und malt die Blätter an
ein lustiger Waldarbeiter

ein froher Malersmann.
Er kleckst und pinselt fleißig
auf jedes Blattgewächs
und kommt ein frecher Zeisig
schwupp, kriegt der auch 'nen Klecks."

Eher weniger klassisch muss es sein, um das Elegische aus der Situation rauszunehmen. Meistens funktioniert das Rausnehmen ganz gut. Man lacht, schüttelt den Kopf, gibt einander Feuer, und alsbald scheint die Lage nicht mehr ganz so aussichtslos.

Vom kleinen Balkon Stallers aus kann man unten im kleinen Park andere Hausbewohner beobachten, die einherwandeln, einen Sonnenstrahl zu erhaschen, vor Bäumen stehen bleiben und nicht weiterwissen. Wadloff zieht in weitem Bogen den Hut vom Kopf, um Frau Stückli seinen Gruß zu entbieten, die in hellblauen Schlappen vorbeitrippelt. Wie schön sie gewesen sein muss, sagt Staller, dem im selben Moment ihr Name entfallen ist. Wadloff lässt sich nichts anmerken, bemerkt stattdessen, wie prachtvoll die Dahlien blühen und die Kastanien mit Früchten um sich werfen. Ja, sagt Staller, der Rosenschnitt steht an und auch die Hubertusjagd. Wir sollten uns aufmachen, Hirsche und Rehe zu erspähen. Ich verspüre große Lust auf Wildbret.

Wadloff klemmt die Daumen unter die Hosenträger und bläst ein keckerndes Halali aus vollen Backen. Staller kichert und rückt die Fliege zurecht. In dem Augenblick fährt unten der große schwarze Wagen vor. Warum gerade jetzt? Kein Grund, warum er gerade jetzt vorfährt. Kein Grund, warum er gerade jetzt nicht vorfahren sollte. Zwei Tage hat er pausiert. Daraus kann man noch kein Gewohnheitsrecht ableiten. Gewiss nicht. Wäre aber doch schön. Ja, wäre schön. Malen sich träumend all jene aus, die zurückbleiben.

Peter Reul

# Besuch

Natürlich freue ich mich, wenn meine Tochter zu Besuch kommt. Da steht sie vor der Tür und ihren Mann hat sie auch mitgebracht. „Hallo, David", sage ich und er verbessert mich mit behutsamer Stimme: „Georg." Als ob ich nicht wüsste, dass er Georg heißt! „David" sollte ein Scherz sein, weil er so groß ist und „Goliath" der angemessene Name wäre, aber er versteht eben keinen Spaß.

„Du bist noch nicht angezogen?", fragt meine Tochter, die sich diesen sanft-unerbittlichen, mütterlichen Ton angewöhnt hat, seit sie selbst ein Kind hat. „Nein, stört dich das? Ich wusste ja nicht, dass ihr kommt", würde ich am liebsten sagen, aber ich möchte keinen Streit. Und es ist auch egal und auf jeden Fall schön, dass sie da sind. Vielleicht hat sie ja auch angekündigt, dass sie kommen wollen; wahrscheinlich sogar, denn alles Spontane ist ihr zuwider. Hat sie das von mir? Aber zumindest früher, denke ich, in ihrem Alter, war ich doch anders, ich hätte niemals so einen Langweiler wie David geheiratet – Georg. Zur Strafe nenne ich ihn in Gedanken immer noch David, aber laut sage ich: „Komm doch rein, Georg, ich setz' einen Kaffee auf."

Als ich mit der Kaffeekanne ins Wohnzimmer komme, hat Anna schon den Tisch gedeckt. Sie weiß ja, wo alles steht, und sicher hat sie bei dieser Gelegenheit auch einen Kontrollblick in die Schränke geworfen, ob alles an seinem Platz ist. Soll sie doch! „Na, alles unauffällig?", frage ich, aber sie versteht mich nicht oder will mich nicht verstehen. Haben sie sich unterhalten, während ich in der Küche war? Es wäre ihnen glatt zuzutrauen, dass sie die ganze Zeit stumm nebeneinander auf dem Sofa gesessen haben. Mein Gott, wenn Paul noch leben würde – ich weiß nicht, was wir in der Zeit gemacht hätten!

„Hast du heute schon gegessen?", fragt Anna. „Natürlich!", sage ich. „Und getrunken habe ich auch." Ich weiß doch, was sie hören will. „Whisky", füge ich hinzu. Das soll ein Scherz sein und diesmal verstehen sie ihn sogar. Ich habe nur die Kekse anzubieten, aus der blauen Dose, aber sie rühren sie nicht an, wahrscheinlich sind sie ihnen zu hart.

„Und was macht deine Tochter?" – „Ruth?", fragt sie. „Es geht ihr gut, sie ist bei einer Freundin." – „Natürlich Ruth", sage ich, „wer denn sonst?" Georg lächelt die ganze Zeit, am liebsten würde ich ihm sagen, er soll doch seine Maske ablegen, aber das lasse ich lieber und lächle selbst. „Das Land des Lächelns", sage ich, „kennt ihr das?" Sie sind irritiert, das habe ich mir gedacht.

Einmal war ich mit Paul in der Operette und auf der Rückfahrt im Auto hat er laut gesungen: *„Dein ist mein ganzes Herz."* Natürlich, um mich aufzuziehen, aber es war schön. „Was ist denn, Mama?", fragt Anna. „Nichts", sage ich und wische mir über die Augen. Ich muss eben immer an Paul denken, seinen Namen werde ich nie vergessen. „Anna. Georg. Ruth. Zufrieden?" Sie schauen sich an. Rede ich denn so undeutlich? „Wollt ihr noch etwas Kaffee?"

Als ich wiederkomme, höre ich ihre Stimmen. Diesmal haben sie also gesprochen. „Ihr wollt schon heim?", frage ich. Nein, das habe ich wohl falsch verstanden, sie haben etwas anderes gesagt und jetzt habe ich sie ertappt. Aber wobei?

„Ja, wir müssen dann bald auch aufbrechen", sagt Anna. „Aber ich saug' vorher noch mal kurz durch." Sie will schon aufstehen, aber ich sage schnell: „Das kommt nicht in Frage. Ich bin doch keine alte Oma. Das mach' ich schon selbst." Es gäbe nur Ärger, wenn sie entdecken würde, dass kein Beutel im Staubsauger ist. Warum hat sie auch diesen prüfenden Hausfrauenblick! Fehlt nur noch, dass sie mit dem Finger über die Möbel fährt! Ja, da liegt ein Haar auf dem Boden. Mich stört es nicht. Wenn man alt wird, gehen einem eben die Haare aus. *„Wie wunderbar ist* *dein leuchtendes Haar.“* Sie sollen gehen. Sie sollen mich allein lassen mit Paul. Den Erinnerungen an Paul natürlich. Ich bin doch nicht verrückt!

Als wir im Flur stehen, ergreift uns wie üblich Verlegenheit. Ich spüre Georgs weiche Hand und höre seine wattierte Stimme. Er beugt sich aus großer Höhe zu mir herab. Anna umarmt mich mit dieser Tochterumarmung und sagt, dass sie bald wiederkommen. „Ja“, sage ich, „macht das.“

Dann sind sie weg und ich höre ihre Schritte noch auf der Treppe.

Die Tassen räume ich in die Spülmaschine und ich darf nicht vergessen, die Kaffeemaschine auszuschalten. Staubsaugerbeutel muss ich kaufen. So viele Sachen, an die ich denken muss!

Ruth heißt die Tochter und Georg heißt ihr Mann. Wenn Paul da wäre, würden wir uns gemeinsam über ihn lustig machen.

Ach, Paul! *„Sag mir noch einmal, mein einzig Lieb, oh sag noch einmal mir: Ich hab' dich lieb!“*

Regine Koth Afzelius

# Verlorener Groschen

Ein trüber Junisamstag. Mit wenig Arbeitslust saß ich an Plänen eines Wettbewerbes. Allein im früheren Fabrikgebäude, das uns jetzt als Büro dient. Ist jemand anwesend, lassen wir das Haupttor unverschlossen. Aus Prinzip. Es dämmerte rasch, ich zeichnete im Lichtkegel der Schreibtischlampe. Jede Bewegung ein Hall im Raum. Unbehagen schlich sich in meinen Winkel. Ich fühlte die Arglosigkeit schwinden, mit der ich sonst dort sitze, und drehte das Radio an. „Da hat dann manche Frau doch noch bereut, dass ihr der Mann verstorben ist", schloss ein Beitrag über zu teure Bräuche bei serbischen Begräbnissen. Ich lachte auf und konzentrierte mich weiter auf die faden Striche.

Wie unter einem Schlag zuckte ich zusammen, weil aus dem Nichts, aus dem Quasinichts sagen wir, weil also plötzlich aus dem So-gut-wie-nichts diese Gestalt vor mir stand. Radio aus. Der Unrasierte im Arbeitsgewand mit der Statur eines Gebirgszuges roch nach Körper. In holprigem Deutsch versuchte er, sein Hiersein zu begründen. Das war nicht das muskulöse Kugelgesäß eines *Verbrechers*, das ich jetzt seitlich erahnen konnte, er wechselte das Standbein. Und so mag die rasche Abfolge von Schock und Erleichterung das Geistesvakuum begünstigt haben, in das der arbeitswillig sich Gebärdende sein Anliegen weiter vorbrachte. Zudem bekeimte sein Äußeres mein Inneres und ich musste an Pheromon-Partys denken, auf denen Gäste am Schweißgeruch von T-Shirts wittern, mit wem es lohnt, die Party zu verlassen.

Das Diktat der Mode ließ den kalt: Lässiges Selbstbewusstsein hatte ihm das karierte Flanellhemd übergezogen. Zu diesem Zeitpunkt war mir schon nicht mehr möglich, klar zu denken, wie ich jetzt mit einigem Abstand sagen kann. Denn bei gemustert bin ich sonst heikel. Am meisten das Karierte eine Qual fürs Auge, außer es begegnet im Alpinen. Dieses Flanellhemd verströmte aber mitten in der Stadt den frischen Duft eines

Waschmittels in aufregendem Kontrast zum Körpergeruch, sodass der Mann nichts Ungepflegtes ausstrahlte, sondern Bewegungsfreude und Kraft verhieß, wenn erst das Hemd einmal weg war. Ich erfrischte augenblicklich, saß aufrechter. Er stand etwa zwei Meter vor meinem Schreibtisch und den Bruchteil einer Sekunde schnappte mein Blick nach seinen Füßen: nackt in geflochtenem Leder! Oho! Nicht die Socke, die allgemein grässliche Socke. So stellte ich mir den Postboten in der süditalienischen Provinz vor. Welche Herkunft er haben mochte? Kein Italiener, ich hätte den Akzent erkannt. Gleich war er wieder oben, mein Blick. Auch sein Gesicht in einer Weise, dass ich gerne etwas hineinträumte. Dann dunkles Wellenhaar. Glänzend. Kam der Duft von den Haaren? Haaröl? Rasierwasser konnte es kaum sein. Und allerkürzest in die Augen. Weit hinab der abgrundtiefe Sog, den so dunkle Augen Helläugigen wie mir bescheren – und schnell hinaus wieder. Ins Helle, Freie, Sichere.

Er sprach Minuten nur, die Stimme magnetisch. In mir spielte inzwischen ein langer Film mit Potenzial zu Fortsetzung und schuf entsprechende klimatische Verhältnisse: Mir wurde hastig heiß, ich glühte, genebelt und verblendet. Mühte gleichzeitig mich aber, in seinen Wortgebilden zu lesen; er bot an, die Fenster im Großraumbüro zu putzen, soviel war klar. Am nächsten Tag. Sonntag. Ganz verstand ich immer noch nicht – war doch sonntags das Büro unbesetzt. Einen Moment, in dem die Zeit den Atem anhielt, herrschte Stille zwischen uns. Dann griff er kühn nach einem der umliegenden Stifte und gebannt folgte ich der Strichführung eines Mannes, der Respekt davor hatte, was er mit dem Stift alles anstellen konnte, aber auch das nötige Selbstvertrauen, die zielgerichtete Courage. Ich fantasierte. Hatte er Feingefühl, das er in delikaterem Umgang auch vorweisen würde? Oh Großmutter, was hast du für erstaunlich weiche Pranken, mit hervortretenden Adern, der dunkle Rand unter den Nägeln störte nicht.

Auf einem kleinen Stück Papier fertigte er eine kindliche Skizze an, die einen Kastenwagen zeigte, an dessen Seite eine schier endlose Leiter herauswuchs. Malte die Zahl *Hundert* darunter und fügte das Eurozeichen an. Von außen wolle er, er könne von außen. Büro zu, außen er.

Ob eben sein gutes Aussehen mich derart verstörte oder aber die Zeichnung in dem Augenblick so überzeugend schien, dass ich in die Tasche griff und ihm das Geld gab, das er als Vorschuss für seinen Dienst erbat, wer wusste es schon.

Das wertvolle Relikt jedenfalls hängt hinter Glas im Pausenbereich unseres Büros. Quell der Heiterkeit, wenn ein Neuankömmling fragt, was inmitten hochkarätiger Pläne es mit der zittrigen Hundert-Euro-Zeichnung auf sich habe! Ich schaue auf graues Glas nie geputzter Fenster und träume.

**Thomas Mühlfellner**

# Der Barista geht

Es ist ziemlich einfach: Mein Zellengenosse hatte das Buch liegen gelassen, also wurde ich Barista. Ich trinke kaum noch Kaffee. Allein der Geruch ist mir zuwider, aber so ist es mit den meisten Jobs: Nach einer Zeit kann man sie nicht mehr riechen. Meine Mutter hätte das nie verstanden. Für sie war das Leben immer eine gerade Linie. Sie wusste schon als Kind, was sie werden wollte. Am Ende wurde sie dann doch Friseuse, aber irgendwie konnte sie sich all die Jahre einreden, dass das nur vorläufig sei, bis sie etwas als Reiseleiterin gefunden hätte. So blieb sie zumindest in Gedanken ihrer geraden Linie treu. Reiseleiterin wurde sie nie. Ich bin nun eben ein Barista. Und ich will im Moment nichts anderes sein. Es hat keinen Sinn sich auszumalen, was alles sein könnte. Irgendwie geht es ja doch immer weiter im Leben. Am besten ist es, wenn man keine großen Gedanken darüber verliert, denn sonst läuft man seinem Leben immer nur hinterher.

Ein paar Mal ging ich mit einer unserer Kellnerinnen aus. Yvonne. Wir schliefen miteinander. In der ersten Nacht zeigte ich ihr den Grund für mein Hinken. Sie schien vom Einschussloch beeindruckt zu sein. In der Bar hielten wir wieder professionelle Distanz. Niemand bemerkte etwas. Ich mag es, wenn es unkompliziert bleibt.

Vor drei Tagen ließ sie sich nach der Sperrstunde länger Zeit als üblich. Ich reinigte die Maschine, da saß sie vor mir auf einem Barhocker und sah mir zu. Sie wirkte unruhig. Ich fragte sie, was mit ihr sei. Ihr Freund, sagte sie. Ihr Exfreund. Sie schulde ihm noch eine ganze Stange Geld. Nun habe sie Angst vor ihm. Er habe ihr geholfen, als sie in Schwierigkeiten steckte. Jetzt dränge er auf die Rückzahlung, stehe immer wieder am Abend vor ihrer Wohnung, bedrohe sie. Sie schob den Ärmel nach oben und deutete auf einen blauen Fleck. Der stamme von ihm, sagte sie. Er habe sie fest gepackt und geschüttelt. Ob ich ihr helfen könne? Nicht mit Geld, aber einfach einmal mit ihm reden, ihn zur Vernunft bringen. Ich sei schließlich groß und stark, mir würde er zuhören.

Was soll ich sagen? Ich mag es nicht, wenn es kompliziert wird. Aber ich will auch keinen Ärger mit Yvonne. Sie ist nett, und ich mag die Wärme ihres Körpers. Ich nickte, und sie schrieb die Adresse auf eine Serviette. Dann küsste sie mich.

Ich wische das Blut weg, nur um etwas zu tun und meinen Puls zu beruhigen. Es ist sinnlos. Meine Spuren sind überall. Ich bilde mir ein, Kaffee zu riechen, ein Geruch, der vermutlich von mir selbst stammt. Er dringt in alle Poren, dieser Duft von gerösteten Bohnen, man wird ihn nie mehr los. Ich muss mich beeilen, muss hier weg. Unterwegs kann ich überlegen, was aus mir werden kann. Tierpfleger vielleicht? Ja, ich glaube, ich kann gut mit Tieren arbeiten. Auch an den Geruch werde ich mich gewöhnen.

Noch einmal blicke ich mich im Zimmer um und wundere mich, wie rasend schnell alles kompliziert werden kann. Nur ein Nicken, ein Kuss, ein falsches Wort und ein betrunkener Mann mit einer kurzen Zündschnur und einer Vergangenheit, die ihm ein paar unangebrachte Verhaltensmuster eingebrockt hat. Ich schließe die Tür. Der Barista geht.

Sascha Preiß

# Tomislav erzählt,
# wie es im Schützengraben zugegangen ist

Du musst dir vorstellen, da sind wir irgendwo in Bosnien. Dort unten im Graben sind wir, da oben auf dem Berg sind irgendwo die Serben. Die sind nicht weit weg, wir können sie miteinander reden hören, wenn wir ganz leise sind. Genau verstehen kann man sie nicht, nur so ein Gemurmel, dafür sind sie doch zu weit weg. Außerdem schießen sie. Und wir schießen auch ein bisschen. Und dann ruft einer was zu uns runter, irgendwas von wegen, dass wir nicht zielen könnten und Hurensöhne wären und sie uns die Eier einzeln zerquetschen würden. Da rufen wir dann Beschimpfungen zurück, dass sie keinen Schwanz hätten, und die einzige Möse, die sie je gesehen hätten, wäre die ihrer Mutter bei der Geburt gewesen. Und dann lachen wir laut. Und sie lachen über ihre Beschimpfungen, die sie uns zurufen. Unser Problem ist, dass wir nicht aus dem Graben heraus können, ohne von ihnen gesehen zu werden. Außerdem geht langsam unsere Munition zu Ende, und Nachschub ist vor Sonnenuntergang nicht zu erwarten. Also stellen wir immer häufiger das Schießen ein, ist ja außerdem eh nicht so sinnvoll, auf jemanden zu schießen, den man gar nicht sieht. Und als wir eine Weile still sind, haben die von oben dann plötzlich gerufen, ob wir bescheuert seien, was denn los wäre, warum wir aufhören würden zu schießen, wir Arschficker. Wir haben denen gesagt, was los ist, diesen Tschetnikschweinen, dass wir nämlich kaum noch Munition hätten und erst in der Nacht neue bekämen. Die brüllten dann ganz aufgeregt durcheinander, dass wir nicht einfach so mit dem Schießen aufhören könnten, wie es uns passt, schließlich wäre Krieg, und da könnte man nicht einfach so mal eben mit aufhören, nur weil man keine Munition mehr hätte, und wenn wir uns noch lange so ruhig verhielten und nichts täten, dann würden sie abgezogen und an einen anderen Berg gebracht, wo richtig Front wäre, und darauf hätte keiner von ihnen Bock, ob uns klar wäre, was das bedeutete und ob wir jetzt verdammt nochmal unsere Gewehre nehmen und schießen würden, wir dreckigen Adriafaschisten. Darauf haben wir erst einmal geschwiegen und abgewartet. Schließlich rief unser Kommandant, dass es uns leid täte, wenn sie wegen uns Schwierigkeiten bekämen, aber wir könnten da nicht viel machen, wenn die Munition weg ist, bleibt so ein Gewehr nun mal stumm, ihr amputierten Bastarde. Wir hatten schon angefangen, uns zu überlegen, ob wir eine Chance hätten, aus dem Graben rauszukommen, wenn die auf dem Berg abgezogen würden. Richtig gefreut haben wir uns schon auf den Augenblick, den dummen Graben zu verlassen. Doch dann hat es plötzlich so ein dumpfes Geräusch gegeben und neben uns im Graben ist ein großer Rucksack gelandet. So, rief jemand von oben herunter, ihr beschissenen Schweinewichser, da habt ihr euren Nachschub, können wir also verdammt noch mal weitermachen hier oder was, und feuerte eine ordentliche Salve auf uns ab. So etwas kann auch nur den schwachsinnigen Serben einfallen. Wenn da nicht Leute gestorben wären im Krieg, dürfte man das alles gar nicht ernst nehmen.

Sabina Lorenz

# Antiquitäten

Das Küchenbüfett musste aus den Dreißiger Jahren des vorigen Jahrhunderts sein, denn ihr Großvater hatte es zur Hochzeit gekauft, und ihre Großeltern heirateten, als sich 1933 überraschend ihr erstes Kind ankündigte. Es war mehr als ein gewöhnlicher Küchenschrank aus Buchenholz. Die Arbeitsfläche war mit salz- und pfefferfarbenem Bakelit überzogen, die Türen mit cremefarbenem Schellack, und der obere Teil des Büfetts hatte Schiebefenster aus altrosafarbenem Glas mit Gravuren in Form einer Blüte. Noch nicht einmal der Spiegel fehlte im oberen Teil. Damit die Hausfrau noch schnell ihre Frisur überprüfen konnte, bevor der Mann nach Hause kam.

Sie inserierte das Büfett als „Antiquität". Fast ein Jahrhundert lang war es einfach ein Gebrauchsgegenstand gewesen. Die erste Anfrage auf ihr Inserat bezog sich auf die Schlösser. Aus welchem Material diese seien und ob die Türen schließen würden. Ja, alle Türen schlössen sauber, ohne zu haken, schrieb sie zurück und besah sich die Schlüssel und Schlösser zum ersten Mal genauer. Sie hatte sich bislang noch nie über Materialien und Bauweisen Gedanken gemacht. Sie hatte sich überhaupt noch nie über das Büfett Gedanken gemacht.

Da klingelte ihr Telefon. Rapha60, ihr Interessent für das Büfett. Wie es sein könne, dass die Schlösser alle noch funktionierten, die Türen nach bald hundert Jahren noch nicht einmal klemmten, fragte er.
    Nun, das wisse sie nicht. Ihre Großmutter, sagte sie, sei halt immer sehr pfleglich mit den Dingen umgegangen.
    Aber die Umbrüche, sagte Rapha60.
    Welche Umbrüche?
    Der Zweite Weltkrieg, z. B., sagte Rapha60. Bomben, Flucht, Vertreibung, zumindest Umzüge …

Nun ja, sagte sie, für das Büfett habe es bislang nur vier Umbrüche gegeben. Seine Entstehung, den Transport zur Küche der Großmutter, in der es sechzig Jahre lang stand, den Transport in ein Möbellager, in dem es einige Jahre stand, und dann den Transport in die jetzige Küche, in der es seither steht.

Ihre Großmutter hat von 1933 an bis zu ihrem Tod in einer einzigen Wohnung gelebt?

Ja. Genau genommen vor 1933 bis zu ihrem Tod.

Dann hat nur ihr Küchenschrank einige Jahre in einem Lager verbracht?

Bitte?

Ach, nichts. Was ist mit den Schiebetüren?

Funktionieren einwandfrei.

Gar nichts kaputt nach all der Zeit?

Doch. Diese Salz-, Zucker- und Mehlfässchen. Eigentlich sollten vier davon da sein, aber eins ist nicht aus Glas, sondern aus Plastik.

Und der Spiegel?

Nicht zerkratzt, nicht angelaufen. Tadellos.

Also, für das Büfett ist es noch 1933?

Sie lachte. Wenn Sie es so nennen wollen.

Warum verkaufen Sie es?

Warum wollen Sie das wissen?

Weil Dinge ihre Geschichten haben.

Ach so?

Warum wollen Sie es verkaufen?

Weil ich Geld brauche.

Tun Sie es nicht, sagte er.

Was?

Es sind die Dinge, die überdauern, sagte er. Zeiten gehen vorüber. Menschen sterben, sagte er. Deshalb häufen sie Dinge an. Damit man sich an sie erinnert, sagte er, und legte auf.

Deshalb also häufen sie Dinge an, dachte sie und sah sich in ihrer Wohnung um. Das einzige Ding von Wert war dieses Büfett. Wenn man die Schubladen herauszog, war dahinter Platz für alles Mögliche. Eine Art Geheimfach. Hinter der Besteckschublade hatte sie das BDM-Tagebuch ihrer 1933 geborenen Tante gefunden. Natürlich hatte sie sich gefragt, ob es vor ihr niemand gefunden hatte oder ob es niemand finden wollte. Das Tagebuch war so normal wie ein Tagebuch nur sein konnte. Das Tagebuch eines Teenagers, gespickt mit Liebeleien und Selbstwerteinbrüchen. Nichts weiter als ein Schulheft, dachte sie. Und sie war sich immer noch nicht schlüssig, ob dieses BDM-Tagebuch, das so offen im Geheimfach hinter der Besteckschublade gelegen hatte, ein verstecktes Tagebuch oder ein zum Lesen gedachtes Tagebuch gewesen war. Die Tante konnte sie nicht mehr fragen. Sie war mittlerweile tot.

Die Dinge überdauern, dachte sie, und überlegte, was sie selbst überdauern würde. Da ist das Büfett ihrer Großmutter, das die Attribute ihrer Großmutter trug, und dem sie keine eigenen Attribute hinzugefügt hatte. Da ist die schwarze Kiste mit der Aufschrift „Gasschutz – Vorrat 38". Sperrholz. Metallene Beschläge. In der Kiste lagerte nichts weiter als ihr jeweiliges Sommer- oder Winterbettzeug, denn ihr Fernseher stand darauf, und den konnte sie nicht öfter als zweimal im Jahr bewegen. Sie dachte zum ersten Mal darüber nach, wofür diese Kiste ursprünglich gebaut worden war. Und daran, dass diejenigen, die sie gebaut hatten, tot waren, und dass diejenigen, die durch ihren Inhalt geschützt werden sollten, auch tot waren. Und warum sie selbst nichts anderes in ihrer Wohnung stehen hatte, das bemerkenswert war.

Inga Rahmsdorf

# Die letzten Schweine

Die alte Frau fegt den Asphaltplatz, der zwischen Wohnhaus und Schweinestall liegt. Über ihr ziehen sich schwere Wolken zusammen, die auf das platte, einsame Land drücken. Ihr Mann schraubt an einem Anhänger herum. Ich bleibe am Zaun stehen. Die Alte blickt kurz auf, wiegt langsam den Kopf hin und her, dann fegt sie weiter. Sie ist klein, trägt eine Kittelschürze über dem Rock, ihre Bewegungen sind langsam, aber energisch.

Ich kicke mit dem Fuß eine Kartoffel in den Graben, sie versinkt im Wasser, kleine Luftblasen bilden sich an der schimmernden Oberfläche. Entlang der Straßenränder liegen Kartoffeln wie anderswo das Laub.

Es sieht aus, als würde es bald regnen, sage ich.

Sie hält beim Fegen inne, stützt sich auf den Besen, dankbar dafür, eine Pause machen zu können.

Es liegt etwas in der Luft, sagt sie. Sie sind nicht von hier, oder?

Meine Großeltern haben hier gelebt, sage ich. Als Kind war ich in den Ferien oft bei ihnen.

Er hat zugehört und legt den Schraubenschlüssel beiseite.

Kommen Sie, wollen Sie sich nicht unseren Schweinestall angucken, fragt er.

Und ich komme und staune. Eine gewaltig lange Halle voll stinkender, schreiender Schweine, dazwischen süße Ferkel, alles künftige Koteletts. Sein ganzer Stolz.

Ach, kommen Sie, wollen Sie nicht einen Tee mit uns trinken, fragt sie.

Und ich komme und setze mich an den Küchentisch. Drei Becher stehen auf dem Wachstuch. Eine dicke Fliege sitzt auf einem Laib Brot, sie hebt ab, dreht eine Runde, landet auf dem Rand des Teebechers. Er spricht über Kartoffelernte, Kartoffelstärke, Kartoffelpreise. Die Fliege hebt ab, sie füllt die langen Pausen zwischen den Sätzen mit ihrem Summen. Ab und an schreit ein Schwein. Die Zeit verrinnt zäh, die Worte sind schwer, finden sich nur langsam zu Sätzen zusammen. Das macht nichts, es braucht nicht viele von ihnen.

Ich nippe an meinem Tee.

Er erzählt von all den Formularen, die er ausfüllen muss, von der Zeit am Schreibtisch, für die er eigentlich keine Zeit hat. Die Fliege landet auf der Lampe. Neben der Lampe baumelt ein Fliegenfänger von der Decke hinab, auf der goldgelben Leimschicht kleben dicht an dicht dicke schwarze Punkte, tote Fliegen. Doch diese Fliege macht einen Bogen um den Fliegenfänger.

Die Alte schweigt und schenkt Tee nach. Vielleicht Biogas, sagt er. Der Nachbar macht auch schon in Biogas. Dabei hatte er doch immer schon Schweine. Schon sein Vater hatte Schweine, aber Schweine lohnen sich nicht mehr. Sie machen Arbeit und sind nicht zuverlässig auf dem Markt. Aber ohne Schweine? Schweigen.

Die Fliege hebt ab, dreht eine Runde um den Fliegenfänger, landet neben dem Becher. Da holt die Alte aus und schlägt zu. Ganz gezielt, einmal. Das Wachstuch dämpft nicht, die Handfläche knallt mit voller Wucht auf die Tischplatte. Sie hebt die Hand, die Fliege zuckt noch einmal, dann bleibt sie bewegungslos liegen. Für einen Augenblick erscheint ein unverhohlenes Lächeln um die Mundwinkel der Alten. Und ist gleich wieder verschwunden. Mit der Handkante fegt sie die tote Fliege vom Tisch. Dann liegen ihre gefalteten Hände wieder auf der Tischplatte. Als wäre nichts gewesen.

Auf Biogas kannst du dich verlassen, sagt er. Auf Schweine nicht. Er steht auf und verlässt den Raum.

Der Tee ist lauwarm, aber er schmeckt noch. Sie schenkt nach und spricht. Erst nur zögernd, doch nach und nach gewinnt ihre Stimme an Zutrauen. Von dem Brandstifter im Dorf. Sieben Scheunen hat er angesteckt. Dann haben sie ihn gepackt. Es war einer von der freiwilligen Feuerwehr, ein junger Mann aus dem Dorf. Ein Schulkamerad ihres Sohnes. Sie macht eine Pause, entfaltet die Hände, faltet sie wieder zusammen. Der Sohn ist weg. Er wollte den Hof nicht übernehmen. Kein Interesse, die jungen Leuten. Sie blickt auf den Tisch vor sich, auf die Stelle, auf der gerade noch die tote Fliege lag. Der Sohn wollte nicht jeden Tag früh aufstehen und schuften, wie die Eltern. Sie kann das ja auch verstehen. Aber wie soll ein Vater das verstehen?

Jetzt macht der Sohn etwas mit Versicherungen. Den ganzen Tag im Büro. Er kommt nur noch ganz selten. Plötzlich steht sie auf und verlässt die Küche. Zur Toilette, denke ich und trinke einen Schluck Tee. Und noch einen. Es ist ganz still, kein Summen einer Fliege, kein Schwein ist zu hören.

Die Zeit verstreicht, erst langsam, dann gar nicht mehr. Die beiden Alten kommen nicht wieder. Draußen ist es dunkel geworden. In der Fensterscheibe spiegelt sich der Tisch, die Lampe, der Fliegenfänger, die drei Becher. Eine Holzdiele knarrt irgendwo.

Sie sind schlafen gegangen, denke ich. Ich stehe auf, stelle den Becher in die Spüle, dann nehme ich ihn wieder heraus, spüle ihn mit warmem Wasser aus und stelle ihn neben das Becken. Ich schalte das Licht aus, ziehe die Tür leise hinter mir zu und gehe langsam die dunkle Straße entlang. Es regnet. Nach wenigen Schritten ist das Wasser durch meine Jacke gedrungen, ich spüre erst die Nässe auf der Haut, dann die Kälte. In der Ferne erkenne ich die Lichter des nächsten Ortes.

Andrea van Bebber

# Ein Sonntag

Der Weg bis zum Parkplatz war weit, ich stützte sie unterm Arm, langsam gingen wir durch den kahlen Flur, Schritt für Schritt hinaus in die schwüle Sommerluft, sie zitterte vor Anstrengung. Dann heulte der Motor auf, sie saß neben mir, endlich, nach Hause.

Es war meine Schuld. Ich hatte die Kinder allein gelassen. Und es war seine Schuld. Er war nach England gefahren. Schuld waren auch der Spielplatz und die Bratwürste. Und der Fonduetopf, die große Flasche, die Schule, das Regal, die Kirche, das Wetter. Vor allem aber die Sonnenblumen. Meterhoch standen sie am Zaun, jeder konnte sie sehen. Sie hatten sich dort ausgebreitet, hatten die Schnecken besiegt, hatten uns angestrahlt, schon seit Wochen. Die Nachbarin wollte einen Strauß für den Gottesdienst, warum nicht. Groß und gelb standen sie auf dem Altar. Hatten uns in die Kirche gelockt. Da saßen wir, geduldig, fünf Kinder und ich. Er war auf Klassenfahrt. Aber alles war gut. Friedlich. Paul und Sara stritten nicht, keiner schimpfte. Hinterher stürzten die Kinder auf den Spielplatz, gleich auf der anderen Straßenseite. Doch wir blieben nicht lange, das Essen musste vorbereitet werden. Nudelsalat. Die beiden Kleinen weinten, als wir gingen, und ich versprach, am Nachmittag noch einmal her zu kommen.

Johann hatte ausgeschlafen, David pflückte Himbeeren für den Nachtisch, Paul kümmerte sich um den Grill, nicht zum ersten Mal, die Anzünder lagen bereit, alles war erledigt. Ich zog die Tür hinter mir zu, *Lieber die Pferde nicht scheu machen, das Regal ist viel zu hoch, unmöglich für Paul, den Fonduetopf mit der Spiritusflasche da oben zu finden.* Ich schnallte Johann und Marie aufs Fahrrad und fuhr los.

Alles war gut. Irrsinnige Worte. Für immer verdreht, verkehrt, ins Gegenteil. Nie mehr zu trennen von Pauls heiserem Schreien, seinem gehetzten Blick, ich sah ihn kommen, wie wild trat er in die Pedale, er rief ihren Namen, nichts sonst. Ich zögerte nicht, packte Marie auf der Schaukel raste los Johann auf der Rutsche hoch aufs Fahrrad der Gurt dann Marie und aufsteigen schnell Paul vor mir die Kreuzung Hauptstraße schneller treten bremsen in der Kurve vor mir Marie hinten Johann schneller noch gleich da vorne wir sind da.

Sie lag auf dem Holzboden in der Küche. Nackt, verbrannte Haut. Sie weinte nicht, lächelte, ich weiß nicht, warum. Zwei Nachbarinnen waren gekommen, Krankenschwestern. Dann in der Ferne das Martinshorn, zwei Sanitäter: Der Hubschrauber würde gleich kommen. *Wie lange wird sie im Krankenhaus sein? Mehr als vier Tage?* Erst am nächsten Tag auf der Intensivstation begriff ich: Sie sei jetzt außer Lebensgefahr, sagte man mir.

Paul schenkte ihr seinen neuen Kassettenrekorder. Gab ihn fort, ohne zu fragen. Die Oma blieb bei den Kindern, morgens um sieben fuhr ich los, jeden Tag. Eingewickelt von den Schultern bis zu den Füßen lag sie im Bett wie eine weiße Mumie. Reden, Bücher, Puppen, Musik. Es ging, irgendwie. Sie liebte Petra und Moni, Krankenschwester wollte sie werden, wie sie. Nur das Baden am Abend war die Hölle. Sie strichen über die Wunden, um die alte Haut zu lösen. Manchmal durfte ich neben ihr stehen. Ihre Hand halten. Manchmal musste ich draußen bleiben. Vor der Glasscheibe, wie eingesperrt. Es hing von der Schwester ab. Als er sie das erste Mal schreien hörte, begriff er, was hätte passieren können, als er fort gewesen war. In England. Mit den Schülern, auf Klassenfahrt.

Johann schrie panisch, Marie umklammerte meine Beine, der Hubschrauber landete, ohrenbetäubender Lärm. Auf einer Tragbahre wurde sie aus dem Haus getragen. In eine silberne Folie gewickelt, das Gesicht, weich und unversehrt, war das Einzige, was noch zu sehen war. Funkelnd verschwand die Folie im

Bauch der Maschine, die Propeller hoben den Hubschrauber in den Himmel, Marie und Johann gellten mir in den Ohren, durch den Sonnenblumenzaun hindurch sah ich, wie sich das Monster entfernte. Dann war Sara fort.

Ich rief die Mutter an, sie machte sich sofort auf den Weg, drei Stunden Fahrtzeit. Mit der Jugendherberge in England musste ich Englisch reden, ich bat um Rückruf. Die Kinder hatten noch nichts gegessen, ich deckte den Tisch. Nudelsalat. Auch für den Pfleger, der noch geblieben war. Ich öffnete die Tür, als es klingelte. Dem Polizeibeamten erzählte ich von den Sonnenblumen, der Kirche, dem Spielplatz, dem Grill, dem Spiritus, dem Regal. Die Mutter kam gegen Mitternacht. Eine Stunde später dann endlich das Telefon des Pflegers, er nahm die Nachricht entgegen: Kinderstation, Verbrennungsbett, vierzig Kilometer von hier. Wir hatten Glück: Es hätten sechshundert sein können.

*Der Vorhang geht auf, es ist vorbei. Auf der kleinen Bühne steht sie ganz vorne, die Hände fassen den blauen Stoff ihres Kleides, federleicht, ein schneller, schwebender Knicks, der Arm im Scheinwerferlicht, ich kenne ihn, jede Erhebung, jede Mulde, jede Vernarbung. Doch es kümmert keinen, nur tosender Applaus. Und über mir ihr Lachen, überglücklich, als hielte das Leben nur Gutes bereit.*

Ina Seeberg

# Familienausflug

Wie die beiden aussehen. Vater ganz rot, Mutter blass. Mutter
ist so still, nur vor jeder Station redet sie, komisches Zeug.
Welche Schulaufgaben wir für morgen aufhaben. Wie weit ich
mit meinem Aufsatz bin. Hat sie heute Mittag überhaupt nicht
interessiert. Nur das Datum. 15. Februar 1953. Du siehst doch,
dass ich zu tun habe, hat sie gesagt. Mutter streicht mir übers
Gesicht. Ihre Hände sind kalt.

Vater scheint zu schwitzen. Ich finde es hier nicht heiß. Sein
Gesicht glänzt feucht. Er ist auch sehr still. Aber genau wie
Mutter fängt er vor jeder Station an, mit mir zu sprechen. Sonst
muss ich um diese Zeit längst im Bett sein. Nina, meine große
Schwester, wundert sich wohl nicht, dass wir um neun Uhr
abends durch die Gegend fahren. Bevor es losging, ist sie noch
mal ins Kinderzimmer gelaufen. Sie hat geweint. Und dann hat
sie mir Kati, meine Lieblingspuppe, in den Arm gedrückt. Ich
habe mich gar nicht getraut zu fragen.

Seit einer Woche sind die Eltern so, so anders. Seit das Telefon
klingelte. Vater nahm den Hörer ab. Ich habe verstanden, sagte
er. Er ging zu Mutter in die Küche und beide tuschelten stun-
denlang. Als sie rauskamen, kuckten sie ernst. Gestorben war
keiner, das hätte ich gemerkt. Aber irgendwas Schlimmes war
passiert. Was es war, wollten sie mir nicht verraten.

Mutter hat die ganze Woche über Hausputz gemacht. Jedenfalls hat sie die Schränke aufgeräumt und Sachen rausgelegt.
Als ob wir verreisen wollten. Wir haben doch gar keine Ferien.

Die Wohnung hat sich verändert. Ich habe es genau gesehen.
Das kleine Bild über Vaters Schreibtisch ist weg. An der Stelle
hängt ein neues. Das ist längst nicht so schön. Die Silberdose von
Großvater ist auch nicht mehr da. Zur Reparatur, sagt Mutter.
Es sind noch andere Sachen verschwunden. Aber ich frage nicht
mehr.

Heute Morgen haben sie uns eine Viertelstunde eher als sonst in die Schule geschickt. Ohne Butterbrot. Dabei habe ich fünf Stunden gehabt.

Mittags durfte ich gleich zu Elke gehen. Meine beste Freundin. Nina hat mich dort abgeholt. Die glaubt wohl, ich finde nicht mehr nach Hause.

Zum Abendbrot hat Mutter den Tisch richtig fein gedeckt. Mit Kerzen und frischen Servietten. Abgeräumt hat sie nicht. Das mache ich, wenn wir zurück sind, hat sie gemeint.

Um diese Zeit noch Köhlers besuchen? Den neuen dicken Winterpullover hat sie mir angezogen. Und zwei Paar Strümpfe übereinander. Weil Köhlers immer so schlecht heizen. Mir ist bei denen noch nie kalt gewesen. In der großen Tasche sind wohl Geschenke, so vollgestopft ist die. Vater hat sie ins Gepäckfach auf der anderen Seite des Abteils gelegt. Als ob sie uns nicht gehörte. Mutter hat ihre Handtasche auf dem Schoß und knipst den Verschluss auf und zu. Lass das doch, sagt Vater.

Ganz leise sagt er es.

Die S-Bahn hält schon wieder. Vater und Mutter sitzen steif wie Holzklötze und noch ein bisschen weiter voneinander abgerückt. Die Stimme aus dem Lautsprecher kann ich kaum verstehen. Jetzt fährt die Bahn an, draußen sind so viele bunte Lichter. Vater und Mutter umarmen sich. Mutter lacht und weint in einem. Sie küssen Nina und mich. Erdrücken uns beinahe. Wir sind im Westen, sagen sie.

**Steffen Roye**

# Werweißwohin

Auf dem letzten Abschnitt ist die Straße kaum mehr als ein Wirtschaftsweg. Der Volvo holpert über Katzenkopfpflaster, das in Jahrhunderten glatt poliert worden ist und doch buckelt. Sie passieren einen Waldstreifen, die Bäume sehen aus wie auf der Flucht. Dahinter: ein Dorf, Reetdächer. Jemand hat den Häusern einen Hut ins Gesicht gezogen. Die Kopfsteinpflasterstraße windet sich sacht den Hügel hinab und endet am Meer. Sie sind am Ziel. Oder?

Warum er das Mädchen an der Raststätte ansprach: Markus hatte keine Ahnung. Sein Tag hatte nicht gut begonnen. Zu dritt wollten sie eine Woche zum Angeln fahren, nach der Trennung von Marie brauchte er diesen Urlaub dringend, doch dann hatte sich Robert am Tag vorher ein Bein gebrochen, und bei Sprotte drohte ein wichtiges Projekt nicht fristgerecht fertig zu werden, er verstehe schon. Markus wollte nicht verstehen, er warf Reisetasche und Angelausrüstung ins Auto, erst nach zweihundert Kilometern nahm er den Fuß vom Gas, begann die Lieder im Radio mitzusingen und beschloss, dass es eigentlich nicht verkehrt war, allein zu verreisen und werweißwohin.

Und dann stand sie da, einen Rucksack neben sich im Rastplatzstaub. Das Mädchen gefiel ihm, die Klamotten zwei Nummern zu groß, das Gesicht ungeschminkt, das Lächeln ließ keine faulen Ausreden zu.

„Wohin soll's denn gehen", fragte er.

„Wie weit fährst du denn?"

„Bis es nicht mehr weitergeht." Markus sah das Mädchen an, aber es hakte nicht nach.

Das Mädchen warf seinen Armeerucksack auf den Rücksitz, reichte ihm die Hand und brachte ihn mit dieser Förmlichkeit zum ersten Mal seit Tagen zum Lachen.

„Ich heiße übrigens Sophie – und du?"

Und dann fuhr er. Draußen zog jemand Kulissen an ihnen vorbei, und Markus bog ab, wie es ihm gerade in den Sinn kam. Er erzählte von seinen verkorksten Angelplänen, von seinem Studium, von der Exfreundin und ihrer Katze, diesem Mistvieh, das er aus dem Hochhausfenster geworfen hatte.

„Krass", sagte Sophie und „die arme Katze", und nach ein paar Minuten des Schweigens erzählte sie von ihrer Kleinstadt, und dass sie siebzehn sei und was anderes, was Neues sehen müsse, und Markus konnte sie verstehen, er hatte ja früher mal in einem Dorf gelebt; doch als er nachhakte, wich sie aus, und er insistierte nicht.

Am Ufer liegen Fischerboote, wie von Riesenhand drapiert. Markus stellt den Motor ab, lässt das Seitenfenster herunter. Der Wind trägt ihnen das Kreischen der Möwen zu und das Rauschen der Wogen, das Rauschen von Ruhe und Glück, ein einziges Ausatmen, sonst ist nichts zu hören. Sie schauen durch die Frontscheibe ins Weite. Am Horizont klebt zwischen Blau und Blau ein Frachter.

„Kein schlechter Platz für einen Urlaub", sagt Markus.

„Kein schlechter Platz zum Schwimmen", sagt Sophie und steigt aus.

Sie werfen ihre Kleider in den Sand, und als ihre Füße das Wasser berühren, schrecken sie vor der Kälte zurück, Sophie kreischt kurz auf und lacht dann und steckt Markus damit an. Sie fassen sich bei den Händen.

„Bis es nicht mehr weitergeht", ruft Sophie, und Markus ist sich nicht sicher, ob es eine Frage oder ein Schlachtruf ist.

„Bis es nicht mehr weitergeht", sagt er.

Und dann laufen sie los.

Jutta Urbigkeit

# Blaugrün

„Sei kein Frosch", sagte sie.

Sei kein Frosch, hallte es in seinen Ohren nach.

Frosch provozierte ihn.

Manchmal nannte sie ihn Kleiner. Obwohl er genauso groß war wie sie, zwar ein Jahr jünger, doch genauso groß. Kleiner, das ging ja noch. Aber manchmal nannte sie ihn Würstchen. Das mochte er nicht so. Er konnte sich nicht wehren gegen so etwas. Schließlich war sie der Stolz der Familie oder, wie Mutter sagte, die Leuchte der Familie. Sie ging zum Gymnasium, das Lernen fiel ihr so leicht, und auch im Sport war sie gut. Im Schwimmen hatte sie schon mehrere Abzeichen gemacht. Und er? Er hatte noch nicht einmal das Seepferdchen. Als Einziger in seiner Klasse hatte er kein Seepferdchen, und er war schon elf.

„Die 25 Meter schaffst du jetzt", sagte sie. Er sah in ihre schmalen grünen Augen. Einmal hatte sie zu ihm gesagt, du hast schöne blaue Augen. Das war das einzige Kompliment, das er jemals von ihr erhalten hatte. Und er sah gerne in ihre, wenn sie so lebendig waren wie jetzt und ihre Augenbrauen jedes ihrer Worte mit kleinen Bewegungen unterstrichen. Er mochte seine Schwester, er bewunderte sie. Sie wollte ihm helfen. Sie wollte, dass er sich nicht blamierte. Das spürte er. „Aber du musst auch springen. Du musst vom Startblock ins Tiefe springen", sagte sie.

„Ins Tiefe" war das Stichwort, das seinen Magen zusammen zog. Er hasste es, im tiefen Wasser zu sein. Er war Fußballer, stark und ausdauernd, aber er brauchte den Boden unter den Füßen. Wenn er schwamm – das Stückchen, das er schaffte –, dann nur unter Aufbieten all seiner Willenskräfte und, weil er sich zwang zu vergessen, dass er „im Tiefen" war. Er hasste das Schwimmen, er tat es nur, weil die anderen es von ihm verlangten. Er hasste seine Schwester. Er beneidete sie. Alles fiel ihr so leicht. Und weil sie ein Mädchen war, wurde sie für alles doppelt bewundert. Er blickte kurz ins Wasser des großen, kalten Sportbeckens vor ihnen. Blaugrün leuchtete es, heute mehr als sonst, die Sonne schien ins Wasser. Er fror.

Komm, sei kein Frosch, hatte sie gesagt und mehrfach das Angebot gemacht, gemeinsam zu springen. Alles klar? Sich an den Händen fassen, gemeinsam vom Startblock ins Wasser springen, sich einfach sinken lassen, bis die Füße den Boden berührten, sich abdrücken und schon ist man wieder oben. Nur zwei bis drei Schwimmzüge, dann wäre man wieder in Sicherheit. Es kann gar nichts passieren, hörte er sie sagen. Erst hatte er abgelehnt, wie schon die letzten paar Male. Doch sie ließ nicht locker. Warum interessierte sie sich eigentlich für ihn? Ob sie sich für seine Feigheit schämte?

„Alles klar?", fragte sie ihn.

Er sah die Gänsehaut auf ihren dünnen Armen.

Einmal würde er sowieso springen müssen.

„Alles klar", sagte er und stieg mit ihr zusammen auf den Startblock. Sie nahm mit ihrer rechten seine linke Hand und gab das Kommando. Dann sprangen sie, sie einen Moment früher als er, und während sie sich mit den Füßen etwas abdrückte vom Startblock, ließ er sich einfach fallen. Kaum war er im Wasser, hatte er das Gefühl, ihre Hand zu verlieren, denn es gab einen leichten Ruck, und es schien ihm überhaupt wahnwitzig, im Tiefen zu sein, unter Wasser zu sein, was er immer vermieden hatte, und keinen Boden unter den Füßen zu haben. Boden! Er spürte keinen Boden unter den Füßen, und wie sollte er jemals wieder Boden unter den Füßen spüren? Er hatte sich längst an seiner Schwester festgeklammert, schon bei dem ersten leichten Ruck wusste er, dass es nicht gut geht, es kann doch gar nichts passieren, hatte sie gesagt, und nun passierte doch etwas. Er umklammerte ihren Hals und ihre Schultern und strampelte aus Leibeskräften. Auch sie strampelte und es nützte nichts, unter ihren Füßen gab es keinen Halt, und nach oben würden sie nie mehr gelangen, das war ihm jetzt klar. Ihren Körper musste er festhalten, denn wenn er es nicht täte, gäbe es gar nichts mehr, an das er sich klammern könnte. Er hatte die Augen geöffnet und blickte nach oben, sah in ein leuchtendes Blaugrün. Er wusste, da oben war das Licht, das Leben. Wehmütig starrte er in dieses blaugrüne Licht, das er nicht mehr erreichen würde. Das war der einzige Schmerz, den er empfand, Wehmut, Abschied. Die Lungen hatten sich schmerzlos mit Wasser gefüllt, es gab kein Verlangen nach Luft, nur dieses hoffnungslose Verlangen nach Licht. Das Licht aber verlor er nicht aus den Augen. Als er plötzlich etwas unter seinen Achselhöhlen spürte und hochgezogen wurde, erwachte er fast unwillig aus diesem tranceähnlichen Zustand der Erstarrung. Da fühlte er den Schmerz in seiner Lunge, als er, vornübergebeugt auf einem fremden starken Arm, der seinen Körper in der Leistengegend hielt, Schläge auf den Rücken bekam und sich unter Würgen und Hustenanfällen nach und nach das Wasser aus der Lunge ergoss. Gerettet. Sie waren gerettet und wussten nicht, durch wen, aber das interessierte auch nicht.

Erschöpft lagen sie auf der Wärmebank.

„Sag nichts den Eltern", sagte sie. „Sag nicht, was passiert ist."

Und das Grün ihrer Augen blitzte.

Marianne Nauber

# An einem ganz normalen Waschtag

Bettine hat die Windpocken, aber das Schlimmste ist schon vorbei. Es juckt noch ein bisschen und sie darf noch nicht aufstehen. Heute ist Freitag. Der Bruder hat nur zwei Schulstunden, der Vater kommt erst nachmittags heim, bei der Mutter ist Waschtag. Sie rumort drei Stockwerke tiefer in der Waschküche, hängt im Garten die Wäsche auf.

Bettine hat ihr Frühstück gegessen, den Kakao ausgetrunken, Teller und Tasse in die Küche getragen, barfüßig, der Steinboden ist kalt. Sie huscht ins Zimmer zurück, streift die Krümel vom Bettlaken auf den Boden, schüttelt ihr Kopfkissen auf, schlüpft unter die noch warme Decke. Vom nahen Kirchturm schlägt die Uhr: ... neun, zehn, elf zählt Bettine, eine Klospülung irgendwo im Haus, Bettine seufzt und schläft ein. Als es an der Wohnungstür klingelt, schreckt sie hoch.

– Mutti, hast du gehört? Muuuttiii!

Bettine schleicht zur Wohnungstür. Jetzt wird Sturm geläutet und gleichzeitig ungeduldig geklopft.

– Wer ist da?

– Ich bin es! Mach auf, ich hab' den Schlüssel vergessen.

Ihr Bruder rüttelt ungeduldig an der Türklinke.

– Mutti ist in der Waschküche, ich darf nicht öffnen.

– Verdammt, nun mach schon auf, Bettine.

Wieder trommelt eine Faust ans Holz.

– Bettinchen, mach auf! Ich erzähl' dir auch eine Geschichte. Jetzt mach endlich auf, ich muss aufs Klo!

Bettine zieht die Klinke runter, die Tür fliegt auf, der Bruder stolpert rückwärts herein, hatte sich mit dem Rücken angelehnt, kann sich gerade noch abfangen.

Bettine kichert.

– Sehr witzig, raunzt der Bruder und knallt die Tür zu.

– Aber du musst mir was erzählen, du hast es versprochen.

– Ja, ja. Geh ins Bett.

Bettine gehorcht. Ihre Füße und Beine sind eiskalt, sie zieht sie bis an die Brust, stülpt die Schlafanzugjacke über die Knie, schlingt die Arme darum und schaukelt so unter der Bettdecke vor und zurück.

- Jetzt erzähl!
- Wir wollen lieber etwas spielen, schlägt der Bruder vor.
- O ja, ‚Fang den Hut‘!
- Nein, ein neues Spiel, ich zeig es dir.

Er steht neben dem Bett und zieht seinen Pullover aus. Bettine dreht sich auf die Seite, grinst:

- Du hast ja Gänsehaut.

Der Bruder löst den Gürtel, öffnet die Hose, die an den dünnen Beinen hinunterfällt. Die Unterhose ist ihm zu groß; er streift sie nicht ab, sondern dreht sich hüpfend im Kreis, singt:

- Holdriho, Bettine schau her!

Die Unterhose rutscht mit jedem Hüpfer ein Stück nach unten. Der Bruder dreht sich immer schneller:

- Schau doch, Bettine!

Bettine sieht etwas abstehen, ein Finger steht da im rechten Winkel ab zwischen den Beinen ihres Bruders, der sich immer noch hüpfend dreht, immer schneller und dabei ‚holdriho‘ singt. Plötzlich ist er bei ihr im Bett.

- Lass mich unter die Decke!

Bettine rutscht bereitwillig an die Wand, aber der Bruder legt sich nicht neben, sondern auf sie. Bettine macht sich steif, reckt das Kinn, damit das Gesicht des Bruders ihr nicht so nah kommt. Der drängt ihre Beine auseinander.

- Mach doch mal Platz! Nun mach schon!
- Nee! Ne, lass das!

Der Bruder liegt zwischen ihren Beinen. Sie versucht, ein Stück nach oben zu rutschen und die Beine wieder zusammen zu nehmen, aber der Bruder ist zu schwer.

Er hat die Decke über ihre Köpfe gezogen, es ist heiß in dieser Höhle. Bettine läuft Speichel aus den Mundwinkeln, sie zieht die Decke ein Stück herunter, damit ihr glühendes Gesicht ins Freie kommt.

- Huch, das kitzelt! Ne, nicht, hör auf!

– Nun halt doch mal still!

Sie spürt einen Druck zwischen den Beinen, wie ein Anklopfen.

– Was ist das?

Da steht, nur drei Schritte entfernt, die Mutter in der Tür. Bettine sieht ihre aufgerissenen Augen. Es sind dunkle, drohende Augen unter weit nach oben gezogenen Brauen. Bettine schubst den Bruder und nuschelt:

– Mutti.

Und weist dabei mit dem Kinn Richtung Tür.

Der Bruder zieht sich unter der Decke blitzschnell die Unterhose an. Die Mutter ist fort. Ohne einen Blick zu Bettine drückt er sich, Pullover und Hose in der einen, die Schuhe in der anderen Hand durch den Türspalt hinaus.

Bettine wagt nicht aufzustehen, wagt nicht, nach der Mutter zu rufen, wagt nicht, zu weinen, liegt stocksteif, wartet, schläft ein, wacht auf, ruft nach der Mutter, leise, niemand kommt. Es ist dämmrig. Sie wagt sich nicht zur Toilette, sie hat Hunger und Durst, sie jammert, schläft ein.

Am nächsten Morgen darf sie endlich aufstehen. Sie hilft im Haushalt, wie immer: Die Mutter hält auf einem Tuch Kartoffeln im Schoß, legt sie Stück für Stück geschält in eine Schüssel mit kaltem Wasser. Bettine nimmt sie heraus und schaut, ob man noch ‚Augen ausstechen' muss. Mit einem stumpfen Küchenmesser darf sie die braunen Flecken entfernen; sie tut das eifrig und geschickt. Plötzlich lässt die Mutter die Hände sinken und fragt, ohne Bettine anzusehen:

– Hat er dir wehgetan?

Bettine schüttelt den Kopf.

Die Mutter wischt sich mit dem Handrücken über die Oberlippe.

– Das kommt schon mal vor zwischen Geschwistern.

Bettine hält den Kopf tief gesenkt, ihre Backen glühen. Sie sticht weiter, eifrig und stumm, den Kartoffeln die Augen aus.

Bernd Schumann

# Die Murmelbahn

Sobald der erste Schnee fiel, wimmelte der Sandhügel von Skifahrern und Schlitten. Angeblich hatte der Gebietsgouverneur ihn aufschütten lassen, weil es im Umkreis von zwanzig Kilometern keinen vernünftigen Rodelberg gab. Wahrscheinlich aber war er einfach übrig geblieben, nachdem sie in den Fünfzigerjahren die Stadt hochgezogen hatten. Die Leute glauben eben immer lieber eine schöne Legende.

Im Sommer traf man hier keine Seele. Wir hatten den Hügel ganz für uns allein und bauten eine gigantische Murmelbahn, mit Sprungschanzen, Tunneln und parallelen Trassen. Darauf jagten wir unsere Murmeln hinab, einzeln und gegeneinander im Wettbewerb. Ab und an setzten wir auch Spielzeugautos ein. Saschas Vater, ein hoher Funktionär, hatte ihm von einer Dienstreise ein Set Matchboxes mitgebracht. Die schafften in der Regel aber nur eine Fahrt abwärts, danach waren die Räder verklebt. Mit Murmeln machte das Ganze eigentlich viel mehr Spaß.

Wir waren gerade dabei, die Bahn in die Ebene zu verlängern, als plötzlich am Waldrand zwei Jugendliche auftauchten. Den einen erkannte ich sofort an seiner merkwürdig gebückten Haltung. Es war Wiktor-Durak, der Debile. Obwohl nicht bösartig, hielt man sich doch besser von ihm fern. Der andere trug helle Jeans und eine modische Wattejacke.

Sascha erschrak. „Ach du Scheiße! Weißt du, wer das ist?"

„Na, Wiktor-Durak."

„Nein. Der andere!"

„Den kenn ich nicht."

„Das ist Schwarze Lippe!"

„Schwarze Lippe?"

„Ja! Ein ganz übler Typ. Ich hab mal von Weitem gesehen, wie er einen alten Mann mit einer Eisenkette verprügelt hat. Seine Mutter soll 'ne echte Hure sein. Oh Gott, hoffentlich lassen die uns in Ruhe."

„Sieht nicht so aus. Sie kommen direkt zu uns rüber."

„Oje!"

„Lass uns abhauen!"

„Und meine Matchboxes im Stich lassen? Kommt nicht in Frage! Außerdem holen die uns sowieso ein, wenn sie's auf uns abgesehen haben."

Mittlerweile hatten die beiden die Lichtung überquert und standen nun vor dem Ende unserer Murmelbahn. Ich begriff, wie Schwarze Lippe zu seinem Spitznamen gekommen war. Er hatte einen überaus grausamen Zug um den Mund. Dieser wirkte umso hässlicher, als sein übriges Gesicht, umrahmt von sorgfältig gescheiteltem, pechschwarzem Haar, auffallend gut aussah. Er musterte uns lange und von oben herab.

„Guten Tag, Kinder", sagte er schließlich. Er hatte eine leise, unangenehme Stimme.

„Guten Tag, Kinder", wiederholte Wiktor-Durak und kicherte irr. „Guten Tag."

„Was macht ihr hier?", fragte Schwarze Lippe.

„Wir spielen."

„Sie spielen", sagte er zu Wiktor-Durak. Es klang fast ein wenig traurig. Wiktor-Durak kicherte wieder.

„Und womit spielt ihr?", fragte Schwarze Lippe weiter.

„Mit Murmeln."

„Mit Murmeln spielen sie", sagte er wieder zu Wiktor-Durak. „Murmeln?", fragte der blöde zurück.

„Murmeln. Kleine Glaskugeln", erwiderte Schwarze Lippe unwirsch. „Ah. Murmeln. Aha", sagte Wiktor-Durak zu sich selbst.

„Idiot", versetzte Schwarze Lippe verächtlich. Dann wandte er sich wieder uns zu: „Seit wann spielt ihr hier?"

„Seit heut früh."

„Seit heut früh. Und jetzt ist es fast Abend", stellte er fest.

„Ja, fast."

„Das heißt, ihr habt genug gespielt. Oder, Witja?"

„Sie haben genug gespielt", bestätigte Wiktor-Durak beflissen.

„Also! Ihr habt's gehört."

Und dann ging er, als würde er balancieren, die Murmelbahn hinauf. Wiktor-Durak stapfte hinter ihm her und zerstörte gewissenhaft alles, was Schwarze Lippe ihm übrig gelassen hatte. Schließlich verschwanden sie hinter der Kuppe.

„Schwein gehabt", meinte Sascha nach einer Weile.

„Ja, hätte schlimmer ausgehen können", sagte ich.

Wir hatten keine Lust mehr, alles wieder aufzubauen. Die Sonne stand schon ziemlich tief. Wir sammelten unsere Murmeln und Matchboxes ein und machten uns auf den Weg zurück in die Stadt. In der Kaliningradskaja hatte jemand eine Wohnung im Parterre eines Vierzehngeschossers gemietet und einen großen Fernseher mit Videorekorder aufgestellt. Dort wurden über Satellit aufgenommene Westfilme gezeigt. Über die Tonspur sprach ein Simultandolmetscher. An diesem Abend lief „Critters 2", den kannten wir noch nicht. Der Eintritt kostete fünfzig Kopeken. Das war zu der Zeit schon nicht mehr viel Geld.

**Martin Sieber**

# Julian

Wenn ich jetzt vom fahrenden Zug aus einen flüchtigen Blick auf die alte Stelle erhasche und mich wieder an ihn erinnere (was selten geschieht), dann will mir sein Gesicht noch viel weicher erscheinen, als es damals tatsächlich gewesen war: Julian. Zumeist sehe ich ihn lächeln, sehe sein diebisches Lächeln, das seine kleinen Zähne frech entblößt, und wenn ich so an ihn zurückdenke, dann ist es immer Sommer. Julian trägt kurze Hosen; seine schlanken Beine glänzen ganz hell in der Nachmittagssonne. *Komm*, sagt er, als gerade niemand auf der Straße ist, und schon zwängen wir uns durch ein schmales Loch im Maschendrahtzaun und stehen kurz darauf vor einer verwilderten Grünfläche, die an den Bahndamm angrenzt. Wir sind zum ersten Mal hier. Das unwirtliche Gelände ist ganz nach unserem Geschmack: Büsche und Sträucher schützen vor fremden Blicken und vor uns erstreckt sich eine Wiese, die sich selbst überlassen wurde. Überall liegen Müll und Unrat herum, Bierflaschen, verrostete Fahrradteile und Autoreifen, selbst einen versifften Schlafsack finden wir am Fuß eines kärglichen Apfelbaums. Rechts von uns ist eine alte Ziegelmauer zu sehen, von Moos und Gesträuch überwuchert, und weiter hinten ein kleiner Schuppen aus Holz. *Vielleicht war hier mal ein Grundstück,* sagt Julian und rennt durch das hohe Gras. Er springt über die kleine Mauer, die im Sonnenlicht vor sich hindöst, und nimmt den alten Schuppen von Nahem in Augenschein. Die Tür ist mit einem mächtigen Schloss versehen. Wir gehen um den Schuppen herum, vielleicht gibt es an der Hinterseite ein loses Brett oder Fenster, durch das man hineingelangen könnte. Aber nichts dergleichen. Julian flucht und versetzt dem Schuppen einen festen Tritt. Das Grillenzirpen verstummt. Für einen kurzen Moment verdeckt eine Wolke die Sonne; ein Vogel fliegt auf und irgendetwas ist am Boden von einem Ort zum anderen gehuscht, vielleicht eine Ratte. *Was war das?*

*Ich weiß nicht.*

*Aber warte mal.* Julian hat den Kopf leicht zur Seite geneigt. *Hörst du das? Ich glaube, ein Zug kommt!*

Bevor ich das leise Zischen in der Ferne vernehmen kann, hat mich Julian schon mit sich fortgezerrt.

*Komm,* schreit er. *Die Gleise müssen da hinter den Büschen sein.* In einem Taumel aus Angst und Lust rennen wir geradewegs auf die Gebüsche zu, die unter den heftigen Windstößen wie wild umhertanzen. Wieder zögere ich; Julian ist immer der Erste. Schon hat er einen Eingang durch das dichte Gestrüpp gefunden, das hinauf zu den Bahngleisen führt.

*Pass auf,* ruft Julian. *Da sind Dornen.*

Dann winde auch ich mich die Böschung hinauf und kneife, oben angelangt, unwillkürlich die Augen zusammen: ein feierlicher Anblick, wie die glitzernden Gleise zu beiden Seiten in die Ferne schießen.

Wir schweigen und schauen. Kein Zug weit und breit, auch der von gerade ist längst schon verschwunden.

*Sieben Stück sind es,* sagt Julian voll Ehrfurcht. *Traust du dich rüber?*

Ich antworte nicht. Auf der anderen Seite ist noch mehr Gestrüpp und am Ende eine hohe Wand aus Beton.

*Dahinter ist die Autobahn,* sagt Julian. Er hebt einen Stein auf und wirft ihn über die Gleise. *Bis zum fünften. Jetzt du.*

Plötzlich fühle ich mich unwohl. Julian wirft ein zweites Mal; dumpf höre ich wie der Stein in der Ferne auf den Boden aufschlägt.

*Komm, wir gehen wieder,* sage ich. *Mir ist ganz heiß und ich hab' Riesendurst.*

*Lass uns noch auf den nächsten Zug warten.* Julian legt den Arm um meine Schulter. *Guck mal, da hinten ist so ein Haus. Da können wir uns kurz in den Schatten setzen.*

Immer habe ich mich von Julian überreden lassen! Und so bin ich auch dieses Mal hinter ihm auf den Steinplatten neben den Gleisen hergetrottet. Aus der Nähe besehen ist das komische Haus nur ein quadratischer Kasten ohne Ein- oder Ausgang. Auf einem gelben Hinweisschild steht „Vorsicht Hochspannung".

Wir setzen uns in das vertrocknete Gras, das durch unsere kurzen Hosen piekst, strecken die Beine aus und lehnen uns mit dem Rücken an die schattige Seite des Stromhäuschens. Alles ist still. Nur die Büsche rascheln in einer leichten Sommerbrise und es ist, als könne man die Luft über den Bahngleisen flimmern hören. Mir ist ein bisschen schummrig. Ich schließe die Augen und spüre Julians Beine ganz nah neben meinen.

*Da*, schreit Julian. *Da kommt einer! Auf dem zweiten Gleis!*

Tatsächlich! Jetzt sehe auch ich das böse Gesicht der Lokomotive am Horizont auftauchen. Unmerklich wächst die Erscheinung dort aus der Ferne herüber, genau auf uns zu. Mein Herz fängt an zu rasen, mein Mund ist ganz trocken und dicke, orangefarbene Flecken tanzen vor meinen Augen. Julian springt auf und rennt auf die Gleise zu.

*Was machst du da? Komm zurück!*

Julian beugt sich über die Gleise, ich sehe, wie er sich dort an irgendetwas zu schaffen macht.

*Julian!*

Jetzt ist der Zug ein richtiger Zug geworden, man kann schon die Waggons erkennen, die sich hinter der Lok aufreihen, und erst als ein tiefes und mächtiges Hupen ertönt, rennt Julian endlich zu dem Häuschen zurück, an dem ich vor lauter Angst fast gestorben wäre.

*Ich hab' einen Stein auf die Schienen gelegt*, keucht Julian und lacht. Er schwitzt und seine Wangen sind ganz rot. Dann geht ein grässliches Donnern und Dröhnen über uns hinweg und während wir einander anschauen in diesem ungeheuren Lärm, spüre ich ein herrliches Kribbeln, das aus der Mitte meines Körpers in meine Beine und Arme ausstrahlt wie das Licht von Millionen kleinster Sonnen.

Ilka Haederle

# Die Muscheltaucherin

Yumi streift ihre weiße Stoffhaube über die Gummikappe. Kein Haar darf hervorschauen, das bringt Unglück. Weiße Baumwolle auch am Körper. Weiß als Schutz gegen Haie. Der Stoff bläht sich, sobald der Wind hindurchfährt. Ihr Boot schaukelt, der alte Motor wird leiser, ein letztes Aufheulen, dann schweigt er. Wellen schlagen hart gegen die Planken. Der Anker zerrt an der Kette wie ein bösartiger Hund. Am Himmel ziehen graue schnelle Wolken. Yumi überprüft den Sitz ihres Messers, befeuchtet den Gummirand der Brille und lässt sich über Bord gleiten. Sie entfernt sich rasch, holt tief Luft und stößt drei schrille Schreie aus. Sie ist bereit, sie gleitet hinab. Die Strömung will sie von den Felsen fernhalten, doch Yumi lässt sich nicht einschüchtern. Ihr geübter Blick auf grobem Stein. Schon ertasten ihre Finger ein ausgewachsenes Seeohr unter dem Fels. Das flache Messer löst die glänzende Perlmuttschale vom Stein. Im scharfkantigen Labyrinth findet sie ein weiteres Muschelversteck. Eine schimmernde Seeohrenweide im kalten, dunklen Meer. Rasch füllt sie ihr Netz. Bald muss sie hinauf ans Licht, dorthin, wo die Wellen gegen die Planken schlagen, hinauf, wo die schnellen Wolken ziehen. Da verhakt sich ihr Netz an einem Felsvorsprung. Sie rudert mit den Armen und gibt etwas Leine. Doch das feine Garn schlingt sich nur noch fester um den Stein. Yumis Herz zieht sich zusammen. Riesige Seeohren, ein seltenes Glück. Ihr bester Fang seit vielen Jahren. Sie presst etwas von ihrer kostbaren Luft aus der Lunge und versucht, das Netz frei zu bekommen. Unzählige Male ist sie zu den schwarzen Felsen hinabgetaucht. Sie haben keine Geheimnisse mehr voreinander. Beim ersten Mal war sie ein junges Mädchen. Damals war sie eine von vielen. Eine nach der anderen sind die Muscheltaucherinnen verschwunden. Nur sie ist übrig geblieben. Die Restaurants zahlten gut für die Muscheln. Yumi hat drei Kinder alleine groß gezogen von ihrem Seeohrengeld. Jetzt lebt jedes in einer anderen Stadt. Ungeduldig zerrt Yumi am Netz, doch der Fels gibt es nicht frei. Sie darf nicht länger hier unten bleiben, sie hat bereits zu viel Sauerstoff verbraucht. Der schwarze Fels drängt sich gegen ihren weiß verhüllten Körper. Yumi und der Stein streiten um die Seeohren wie ein altes Ehepaar. Keiner von beiden will nachgeben. Die Muscheln winden sich im Netz wie unartige Kinder. Da bemerkt Yumi einen Schatten über sich. Einen Moment lang stockt ihr das Blut. Ein riesiger Fisch schwimmt geradewegs auf sie zu. Doch es ist keiner von den Haien, die in der Tiefe lauern. Seine Schuppen leuchten türkis wie das Meer im Winter. In ihrer Jugend hat man sich Geschichten vom Blaufisch erzählt. Sie sollte längst oben im Boot sein. Doch einen Blaufisch sieht man höchstens einmal im Leben. Die wenigsten Taucher haben so viel Glück. Ihre Luft wird knapp, die Brust eng. Yumi presst ihre letzte Reserve aus den Lungen. Gläserne Luftperlen sprudeln durch ihren Mund hinauf an die Meeresoberfläche, vorbei an den zerklüfteten Felsen, vorbei an den Seeohren, vorbei an ihrem blauen Gefährten. Es heißt, er hilft Muscheltaucherinnen, die in Not geraten. Yumi ist allein auf dem weiten Meer. Niemand wird sie vermissen. Der blaue Fisch ist jetzt dicht vor ihr und schaukelt sanft in der Dünung. Silberne Augen, zwei blank polierte Spiegel. Darin ihr Gesicht, vom Wetter gegerbt, ihre Haut dünn wie Pergament. Eine Strähne schaut unter der weißen Haube hervor. Feine Silberfäden, die sich im Wasser wiegen wie Seegras. Ihre Haare sind dünn geworden mit den Jahren. Ja, der blaue Fisch ist ihretwegen gekommen, der blaue Fisch wird sie zurückbringen ans Licht, hinauf zu den schnellen Wolken, der blaue Fisch kennt den Weg aus der Dunkelheit. Yumi hat keine Kraft mehr, ihre Arme werden weich und das Netz entgleitet ihren Händen. Sie war eine Muscheltaucherin. Ihre Kinder brauchen sie nicht mehr. Jetzt wird sie diesen Fang dem schwarzen Felsen überlassen. Der Blaufisch kommt näher, er mahnt zum Aufbruch. Yumi schlingt ihre Arme um seinen Leib. Schuppen, weich wie Grasschwämme, sie versinkt darin wie in einem Bett. Ihr ganzes Leben lang hat sie die harten Muschelschalen gesucht, den scharfkantigen Fels im tiefen Wasser. Sie blinzelt, vor ihr flimmert ein Licht, hell wie ein Sommertag am Strand. Geschmeidig gleiten sie durch die Strömung, hinauf zum Licht. Das Boot wartet unter dem Himmel.

**Michael Lichtwarck-Aschoff**

# Über Mittag

Wie winzig sie wirklich war, weiß ich gar nicht. Sie war an der Hüfte zusammengefaltet, Bechterew heißt das wohl, und wenn sie in einem Suppentopf herumrührte, dann stellte sie den vor sich hin auf die Erde, so war es bequemer. In diesem Sommer gab es viel zu rühren. Ihr Alkoholikersohn war bei ihr, erholte sich von einem seiner Abstürze. Sie kochte für ihn, das meiste ließ er stehen. Früher mal Unfallchirurg, lebte er in einer entfernten Stadt, hatte sich am Ende allein nicht mehr helfen können. Ganze Tage saß er in seinem schwarz-weiß-rot gestreiften Bademantel auf der Holzveranda und rauchte, die Mutter ihm gegenüber. Seine grauen Haare standen in die Höhe. Die alte Frau versuchte, sie zu glätten, aber ihr krummer Rücken ließ sie nicht hoch genug reichen. So streichelte sie nur über seinen Handrücken, dorthin reichte sie. Er ließ es geschehen, wendete dabei sein teigglattes Gesicht zur Seite.

Als der Sohn sie wieder verlassen hatte, kümmerte sie sich mehr um den Garten, ein paar Quadratmeter Kies, ein krummes, rotes Ahornbäumchen. Sie nahm jeden Kiesel in die Hand und hielt ihn eine Zeit lang fest. Dann legte sie den Kiesel zurück auf seinen Platz. Sie hatte die Parterrewohnung gemietet, schaute oft sehnsüchtig zu den Nachbarn hinüber, auch zu mir. Allgemein vermied man es, sich mit ihr zu unterhalten. Nicht, weil sie unfreundlich war, im Gegenteil. Man befürchtete, sie würde mit dem Reden gar nicht mehr aufhören wollen.

Mittags legte sie sich irgendwo im Inneren der Parterrewohnung nieder. Schien die Sonne, hängte sie zuvor ihre Perücke an einen Haken neben die Verandatür. Die Flüchtlingskinder, die im benachbarten Gasthof untergebracht waren, schlichen sich auf die Holzveranda, nahmen die Perücke vom Haken und steckten sie auf einen langen Holzstock. Dann marschierten sie über den Parkplatz des Gasthofs. Vorneweg, der älteste Junge, schwenkte die Perücke auf dem Stock, dahinter die anderen, die Spielzeuggewehre geschultert und mit Holzmessern fuchtelnd. Sie sangen und schrien durcheinander. Ihre Stimmen klangen rau, wie Dohlen. Manchmal, wenn die Siegesparade der Kinder kein Ende nehmen wollte, konnte man eine blasse Hand sehen, die sich aus dem Fenster (ich habe immer geglaubt, es wäre ihr Küchenfenster) schob und vorsichtig winkte. Dann rannten die Kinder lachend auf die Veranda und hängten die Perücke zurück an ihren Haken.

In diesem August schien oft die Sonne. Einmal blieb die Perücke nicht nur über die Mittagszeit, sondern drei Tage lang am Nagel hängen. Am vierten Tag glaubte der Gastwirt den Kindern dann doch, dass etwas in Unordnung gekommen sein musste. Man klopfte, rief und klingelte, man ging um das Haus herum. Die Kinder folgten, ihre Holzgewehre achtlos auf den dünnen Schultern. Man holte die Obrigkeit, die die Tür aufbrach. Der Gastwirt erzählte mir, die alte Frau habe in einem Stuhl gesessen. Auf einem Papier hatte sie notiert, es sei nun an dem. Sie habe den Menschen nie die Zeit stehlen wollen, vielleicht sei es trotz allem möglich, sich ihrer mit Freundlichkeit zu erinnern. Die Perücke habe sie in die Sonne gehängt. Man möge sie ihr bitte aufsetzen. Damit sie, wenn der Tod sie endlich wieder gerade gebogen hätte, doch ordentlich aussähe.

## Angela Kreuz

# Bayerabische Helden des Alltags

„He, Djamal, das bist ja du!" Yusuf zeigte auf eine Art Poster, das ordnungswidrig an der Hausmauer des alten Rathauses klebte.

Mourat lachte überrascht auf. „I glaub, i spinn."

Die drei Straßenkehrer machten gerade Zigarettenpause, das Orange ihrer Anzüge leuchtete in der Morgendämmerung.

Djamal stutzte und lehnte den Laubbesen an seinen Karren. Er trat an die Hauswand und betrachtete sein maßstabsgetreues Ebenbild, das ihn auf Augenhöhe anblickte, in voller Montur, mit Signalweste und Mütze neben einem Mülleimer. Träumte oder wachte er? Djamal steckte sich eine Zigarette an und kniff sich unauffällig in die Hand. Es war kein gewöhnliches Foto, er sah darauf aus wie ein Held, seine Umrisse waren ausgeschnitten und es wirkte eher gezeichnet, fast wie ein Filmplakat. Unvermittelt fühlte er sich um zehn Zentimeter gewachsen.

„Bist jetzt heimlich beim Fernsehen?", hörte er Yusuf hinter sich frotzeln. Djamal spürte einen Stich in der Brust. Theresia hatte ihm damals gesagt, er sehe aus wie Robert De Niro; sie waren oft ins Kino gegangen.

„Wie a Promi", pflichtete ihm Mourat bei, „in Orange."

Wenn Djamal Schauspieler statt *nur* Straßenkehrer geworden wäre, hätte sich Theresia sicherlich nicht von ihm scheiden lassen.

Eigentlich sollten sie das Ding von der Mauer entfernen, aber wahrscheinlich würde es dabei zerreißen. Ein bittersüßes Gefühl von Genugtuung stieg in Djamal auf. Sie schwiegen eine Weile und rauchten.

„Mir san alle Helden", Yusuf trat seine Kippe aus, „stellts euch doch mal Rengschburg ohne uns vor."

Sie ließen es hängen und machten sich wieder an die Arbeit. Als die junge Frau mit einer Spraydose in der Hand um die Ecke bog, erkannte Djamal sie trotz der hochgezogenen Kapuze sofort wieder; mit seinem Gesichtergedächtnis hätte er als Kontrolleur zur Bahn gehen können. Es war ihm komisch vorgekommen, als sie vor ein paar Tagen ihre Kamera ausgerechnet auf ihn gerichtet hatte. Die Frau lächelte ihm zu.

„Verraten Sie mir noch Ihren Namen?", flüsterte sie.

Djamal schüttelte nur den Kopf und lachte.

Dennis Mombauer

# Elegie in fünf Haltestellen

Die Frau sitzt mir gegenüber, und ich frage mich, ob sie tot ist. Das Einsteigen ist in meiner Erinnerung zu einem verwischten Vorgang zusammengerutscht, der irgendwie den kalten Bahnsteig gegen die U-Bahn getauscht hat: Und, seit mir die Frau aufgefallen ist, kann ich nichts anderes mehr sehen.

Ihre Augen sind geschlossen, die Wangen darunter eingefallen, die Mundwinkel faltig. Sie ist bestimmt Mitte 60, vielleicht schon über 70, ab einem gewissen Alter ist es wieder schwer zu sagen. Ob sie atmet, kann ich unter den dicken Lagen von Kleidung nicht erkennen, dem hohen Schal und grauen Mantel. Manchmal glaube ich, ein kaum merkliches Heben und Senken zu sehen, aber es könnte auch Einbildung sein, angeregt vom Widerschein vorbeirauschender Tunnelleuchten.

Es gibt Dinge, die einfach nicht passieren sollten, und dazu gehören Menschen, die in einer U-Bahn sterben. Würde eine Leiche überhaupt so aufrecht sitzen bleiben, anstatt beim ersten Halt oder in den Kurven umzukippen? Andererseits sieht die Frau durchaus wie jemand aus, der sich auch im Tod gerade halten würde. Alles an ihr wirkt streng, bis auf die Haare, die wie eine Explosion von Mehlstaub in alle Richtungen abstehen.

Ich frage mich, ob sie bereits tot war, als ich mich hingesetzt habe, oder ob sie vor meinen Augen gestorben ist, so sanft und kampflos, dass es keine äußeren Anzeichen gab. Aber was denke ich da? Die Frau lebt noch, jeden Moment kann sie die Augen öffnen und aufstehen. Vielleicht ist sie nur tief in Gedanken versunken, vielleicht ist sie erschöpft, vielleicht schläft sie.

Ich beobachte eine Fliege, die auf einem der hochstehenden Haarbüschel landet und sich die Beine putzt. Die Haare wippen leicht unter dem winzigen Gewicht des Insekts, nicht genug, um eine Schwingung auf die Kopfhaut zu übertragen oder irgendwelche Nervenenden zu aktivieren.

Was soll ich tun? Ich kann doch die Frau nicht fragen, ob sie tot ist – was, wenn sie wirklich nur so dasitzt? Verzweifelt suche ich nach möglichen Gesprächseröffnungen, während wir eine weitere Station passieren.

Jemand sieht zu uns herüber, zögert, wendet sich dann doch in die andere Richtung. Die Bahn ist leer, bis auf mich, die Frau und eine Handvoll anderer, zu weit entfernt, um zu zählen. Ist es das Richtige, vor dem Aussteigen Hilfe zu holen, den Kontrolleur, den Fahrer, einen Krankenwagen? Und wenn nun gar nichts mit der Frau ist?

Die Fliege lässt ihre Flügel vibrieren und hebt ab, als wolle sie nichts mit diesem Dilemma zu tun haben. Ich beuge mich vor, strecke den Arm aus und ziehe ihn wieder zurück, ohne die Frau berührt zu haben. Der Mann von eben sieht zu mir herüber, oder vielleicht auch durch mich hindurch.

„Entschuldigung?" Meine Stimme ist so leise, dass ich sie selbst kaum höre, und die Frau zeigt keine Reaktion. Wenn die Fahrtgeräusche leiser wären, könnte ich auf ihre Atmung lauschen, aber so ist es unmöglich.

Der Name meiner Haltestelle leuchtet auf, und die Bahn beginnt zu bremsen, während von vorne kaltes Neonlicht heranflutet. Letzte Chance, etwas zu tun – aber es gelingt mir nicht, sie zu nutzen.

Ich dränge mich an einem Fahrgast vorbei, der nun doch in Richtung meines Sitzes geht, und trete auf den Bahnsteig. Türen schließen sich, die mechanische Durchsage hallt über das Gleis, dann setzt sich die Bahn wieder in Bewegung.

Ich sehe ihr nach und versuche, noch einen Blick auf die Frau zu erhaschen: Doch da, wo sie regungslos gesessen hat, ist jetzt nur ein leerer Platz. Ich suche das Abteil ab, aber der Wagen taucht nun komplett in den Tunnel ein, und ich verliere ihn endgültig aus den Augen.

**Amelie Soyka**

# Stillleben

*19 Uhr, 4. Stock*

Morgen die 11a und dann so ein komplexes Thema. Tischdekor, Schalentiere, Stundenglas – wie soll er das angehen? Hansen löst den Filter aus der Halterung seiner italienischen Espressomaschine. Welches Elternhaus hat denn Kristallgläser oder Zinnkrüge, da gibt es doch höchstens schwedisches Standarddesign und Fischstäbchen.

Hansen sieht sich um. Na ja, er hätte auch Schwierigkeiten, ein richtiges Stillleben zu arrangieren. Ein richtiges, wohlgemerkt; Stillleben hat er genug in seiner Küchenbibliothek – eher: Bibliotheksküche, denn Kochbücher besitzt er keine. Als seine Frau auszog, hat sie die Küche mitgenommen. Damals hat er die Wohnung komplett neu organisiert: Schlafen im Wohnraum, Atelier im Schlafgemach, das Bad vorrangig Dunkelkammer, Lesen in der Küche. Stillleben eben.

Wo sonst die Dunstabzugshaube montiert ist, greift Hansen nach einem Velázquez-Band und schlägt ihn wahllos auf: *Drei Männer am Tisch*, aha, kennt er gar nicht. Eines der ersten *bodegones* des Malers, liest er, Küchenstücke, die Lebensalter vereint beim Mahl. Eine Erinnerung schiebt sich vor das Bild: Hansen, fünf Jahre alt, mit Vater und Großvater im Esszimmer der Großeltern; Großmutter scharrt in der Küche. Irgendetwas ist im Gange, Hansen spürt das, während er mit dem Löffel Rillen in den Vanillepudding schlitzt. Großvater erzählt nicht vom Dienst und den Kameraden. Stattdessen reden sie ganz anders als sonst. Zeit zum Angeln habe er jetzt, sagt Großvater zum Beispiel. Pause. Dann: vielleicht mal Gelegenheit für einen Wurfkurs. Das klingt doch gut, erwidert Vater in einer komischen Munterkeit. Schließlich wieder Großvater: und Zeit für den Waldi.

In der Puddinglandschaft entstehen rote Bäche und Tümpel, die Himbeergrütze legt sich als Wäldchen auf hellgelbe Hügel.

Großvater wollte ihm nicht wie sonst immer die Uniform zeigen. Als Hansen den Wunsch geäußert hat, fiel Großmutter ihm ins Wort. Die ist in der Reinigung, hat sie gesagt. Die war noch nie in der Reinigung, wenn er und Vater zu Besuch waren. Ausgerechnet heute, hat er gefragt. Hansen häufelt die wabbelige Masse zu einem kleinen Vanilleberg.

Sei froh, dass sie dich wieder rausgelassen haben. Er schreckt auf, unbemerkt ist Großmutter hinter seinen Stuhl getreten und legt ihre Hände auf seine Schultern. Aber er ist gar nicht gemeint. Während er grübelt, wer Großvater, den stattlichen Kriminalrat, nicht hätte rauslassen sollen, und wo, kassiert Großmutter das Schälchen. Mit Essen spielt man nicht.

Den Bildband stellt Hansen zurück ins Regal. Schon als Kind war er nicht der Süß-Typ. Desserts, Donauwellen, Herrentorte – darauf konnte er gut verzichten. Er umrundet die Malerei des 18. Jahrhunderts und tritt ans Fenster. Draußen ist es dunkel. Erst später hat er erfahren, wer sein Großvater und die Kameraden wirklich waren. Er schlägt die Augen nieder.

Mit Essen spielt man nicht, dass ihm das jetzt einfällt, passt ja gut zum Thema. Obst, Gemüse, Geflügel – wie soll er das vermitteln, er hat keine Ahnung von Naturalien. Hansen schnippt eine tote Fliege von der Fensterbank.

Dieser Schulbetrieb macht ihn fertig.

Wenn der Galerist damals, wie hieß er gleich, wenn der ihm nicht in letzter Minute abgesagt hätte. So kurz stand er davor, entdeckt zu werden. Stattdessen: umsatteln, Pädagogikstudium, Kunst/Italienisch. Eine vernünftige Lösung, meinten auch die Eltern. Schluss mit den Hippie-Allüren. Aufatmen. Klar, über eine Flasche Montepulciano freute man sich an Heiligabend mehr als über Vorwürfe zur Vergangenheit, die die eigene Familie betraf: Wie viele Menschen hat Großvater mit seinen Unterschriften in den Tod geschickt? Ja, gerade *weil* er dein Vater ist, frage ich das, verdammt. Wie konntest du mich als Kind wochenlang zu ihm in die Ferien schicken?

War es anfangs das beredte Schweigen, das Hansen antrieb, bleibt er inzwischen selbst die Antworten schuldig. Von der Wut, die er auf die Leinwand brachte, ist nichts mehr übrig. Schon lange zieht er sein persönliches Stillleben dem anschwellenden Klassenlärm vor.

Mit dem Zeigefinger fährt Hansen über die staubige Kante entlang der Buchreihen. Und morgen mit der 11a? Einführung in das Genre? Oder Gespräch über familiäre Küchenszenen? Sollte er ernsthaft versuchen, mit diesen Kids zu reden?

Oder besser sie direkt dort abholen, wo er sie vermutet. Also Burger kaufen, Kaltgetränke in monströsen Bechern, überquellende Frittentüten, irgendwelche Nuggets, Ketchup, nicht vergessen: schmelzende Eiskrem, alles, den ganzen Müll auf dem Tablett vor der Klasse arrangieren, *Pop-Art meets still life*, zur Pyramide gruppieren, *natura morta* in Perfektion. So wird es doch gehen.

Daniel Mylow

# Margas letzter Sommer

Marga stirbt.

Der Kaffee, den mir ihre tschechische Putzfrau serviert, schmeckt wie ein zweiter Morgen. Mit den Augen der unsterblichen Kinder, die wir einmal gewesen sind, blicken wir in den von der Märzsonne beschienenen Garten. Sie lächelt. Wir verstehen uns wortlos.

Alles sinkt und fällt und gefriert und glänzt in der durchsichtigen Luft über dem Kormoni Hurka: der Kammerbühl. Ich umrunde den bewaldeten Berg und mache ein paar Fotos. Der Himmel über dem Egerdistrikt liegt leicht auf den Hügelkämmen, als trüge er sich von allein. Es regnet.

Marga möchte, dass ich jeden Tag nach Tschechien fahre. Sie, die in ihrem Krankenbett in Konradsreuth liegt und Tag für Tag ein bisschen mehr zu verschwinden scheint, hätte sicher nichts dagegen, wenn ich diese Bitte als ihren letzten Willen bezeichnen würde. Marga weint.

In der Dämmerung kehre ich zurück aus Tschechien und setze mich in den Sessel vor dem Fenster. So traumleicht wie präzise erzähle ich ihr, deren Gesicht wie das eines verlorenen Kindes aus den Umrissen des Bettzeugs auftaucht und wieder verschwindet, von Františkovy Lázně, vom Kaffee in den *Drei Lilien,* von den Statuen und Trinkbrunnen im Kurpark. Ich schweige. Sie zieht einen Briefumschlag hervor und reicht ihn mir mit zitternden Händen. Ich sage nichts und bleibe noch eine Weile sitzen, bis das Zimmer in Dunkelheit getaucht ist und Margas schweres Atmen das Gemurmel flüsternder Stimmen intoniert. Sie schläft. Ein Job. Es ist nur ein Job, denke ich, während ich über ihren Schlaf wache. So müssen meine Eltern früher an meinem Bett gesessen haben, als ich noch ein Kind war und ich mit jeder ihrer Geschichten Nacht für Nacht an unbekannten Küsten strandete.

Ich nicke der hereintretenden Pflegerin zu, setze mich an den Küchentisch und öffne den Umschlag mit dem Zweihundert-Euro-Schein und dem Zettel: *Konstantinovy Lázně*.

Zurück im Studentenwohnheim, schenkte ich mir einen Wodka ein und setzte mich an einen Roman, der niemals fertig werden wird, bevor meine Finger in Trapezflügen über eine tschechische Straßenkarte irren, die Fixpunkte einer Reise durch die Zeit und ein anderes Leben markierend.

Warum ich? Das frage ich mich im Cafésalon des Marienbader Hotels *Pazifik*, mitten in einem Bataillon volksliedverliebter, betrunkener badischer Rentner hockend.

Im Kaiserwald, abgeschnitten von Wald, Himmel, Erde, blicke ich über die Dächer von Konstantinovy Lázně auf die Ufer des böhmischen Meeres, von dem Marga, als sie noch sprechen konnte, mir glaubhaft versicherte, dass es existiere.

Marga lächelt. Sie blickt auf die Fotos und hört mir zu, einen Sommer lang. Dabei lasse ich offen, was Wirklichkeit und was Fiktion ist, als ich merke, wie glücklich sie ist über das, was sie hört. Ich gehe.

Am Morgen darauf bin ich schon in Karlsbad. Und einen Tag später in Pilsen, den verwischten Umrissen von Margas Aufzeichnungen ihrer ersten und einzigen Liebe eines Sommers in eine andere Zeit folgend. Ich lese. Marga hat mir ihr Tagebuch von damals anvertraut. Ich lese jede Nacht darin, und sie schreibt nur noch die Seitenzahlen auf die Zettel im Briefumschlag.

Eine Stimme. Am Ende des Sommers beharrt Marga darauf. Neben meiner Stimme sei noch eine andere Stimme im Raum zu hören, wenn ich erzähle.

Marga stirbt. Sie ruft nach mir. Ein Umschlag liegt auf dem Küchentisch, sagt die Putzfrau. *Danke.* Mehr steht dort nicht. Es gibt Wörter, denke ich, die sind so schön wie Schnee auf Ästen. Jemand singt. Die Tür zum Garten steht offen.

Heike Knaak

# Die Gespenster

Sonja tritt lautlos neben ihn und tastet nach seiner Hand.
Er ignoriert die Geste, rückt ein Stück zur Seite.
Christian hasst Sonjas Versuche, sich unsichtbar zu machen,
das Anschleichen, ihre lauernde Rücksichtnahme.
Zu zweit betrachten sie das goldgerahmte Bild. Eine sepia ge-
tönte weite Landschaft, in der Ferne angedeutet Berge. Verloren
unter tief hängenden Wolken treibt ein Hirte seine Herde: ma-
gere Kühe und Schafe; vorneweg ein mit Körben beladener Esel.
Christian schließt die Augen. Das Weiß der Wände blendet
ihn. Die Akustik der hohen Räume verstärkt jedes Geräusch,
verwandelt selbst die gedämpfte Unterhaltung der Besucher in
quälenden Lärm.
Als er die Augen öffnet, spürt er den Blick des Aufsehers, der
ihm seit geraumer Zeit misstrauisch folgt. Gereizt zieht Christian
Sonja zum Museumsrestaurant – weg aus dem Fokus des unifor-
mierten Wärters. Sie bestellen Kaffee und schweigen sich an.
Hier drinnen ist der Krach unerträglich. Im halb offenen Kü-
chentrakt scheppert Geschirr, in das harte Klirren von Glas und
Porzellan mischt sich die fauchende Espressomaschine an der
Bar. Sonja hockt angespannt vorne auf der Stuhlkante, schiebt
den Zuckerstreuer und die kleine Vase auf dem Tisch umher.
Das Orange der Blüte erinnert Christian an die Feldblumen, die
er damals vom Auto aus gesehen hatte. Aus etlichen Metern
Entfernung leuchteten sie vor dem staubigen Braun der unbefes-
tigten Piste und dem eintönigen Ocker der Bergkette. Farbtupfer
waren selten.
Daneben stand der Esel, rupfte dorniges Gestrüpp aus der auf-
gesprungenen Erde. Eine geflochtene Kiepe, befestigt mit Leder-
riemen, hing ihm schwer herab an der knochigen Flanke. Weit
und breit zeigte sich kein Mensch. Das ausgemergelte Tier tat
Christian leid. Vieh irrte öfter herrenlos umher in dieser Gegend
und schien auf rätselhafte Weise immer wieder heimzufinden.

Der Kellner holt Christian in die Gegenwart. Ungeschickt balanciert er ein Tablett mit rutschenden Tassen, die in gefährliche Schieflage geraten sind. Christian greift dazwischen, um zu helfen. Seine zusammengeflickte Hand, die steifen Finger gehorchen ihm nicht, schlagen gegen den Arm der Bedienung. Ein Schwall Milchkaffee schwappt über den Bistro-Tisch, rinnt vorbei am Zuckerstreuer, tropft auf Sonjas Schoß. Auf ihrem Oberschenkel breitet sich ein Fleck aus und färbt den Stoff der Hose dunkel. „Wie bei Karim", denkt Christian.

Um ihn herum schwillt das Getöse an. Die Gäste an den Nachbartischen übertönen jetzt lautstark den Radau der Gastronomie. Es ist nicht mehr auszuhalten. Christian möchte sich die nutzlose Hand aufs Ohr pressen.

Im Schritttempo passierten sie das erbarmungswürdige Lasttier. „Er ist angebunden", rief Karim, aber es war zu spät.

„Idiot!", schreit Christian den Kellner an, der mittlerweile das Tablett vor Sonja platziert hat und wenig effektiv mit einer Serviette hantiert. Der junge Mann schaut ihn verletzt an, doch verschluckt im letzten Moment eine Entgegnung. Stattdessen starrt er auf Christians Hand, ein Patchwork-Muster aus Narben und Haut in verschiedenen Stadien der Heilung.

So gekränkt und überrascht hatte ihn auch Karim angesehen, als das Leben aus ihm herausfloss. Das Blut seiner zerfetzten Beinarterie durchtränkte im Nu die grüne Feldhose und bildete eine Pfütze im Fußraum des Patrouillenfahrzeugs. Die Sprengladung war nahe der Beifahrerseite detoniert; da, wo der Esel am Wegrand Nahrung suchte. Hinter ihnen stoppte der Konvoi.

Christian hatte es ebenfalls erwischt. Splitter steckten in seiner Kleidung, rissen das Fleisch auf darunter. Er fühlte es warm und nass im rechten Ärmel der Kampfjacke.

Die Schmerzen setzten erst ein, nachdem sie im Camp eingetroffen waren. Da war Karim, der Dolmetscher, bereits tot.

Sowie sie den in den Boden getriebenen Pfahl entdeckten, wusste Christian Bescheid. Vielleicht hätte er beschleunigen oder das Steuer herumreißen können. Niemand pflockte absichtslos ein Tier an und ließ es stehen. Nicht hier. Das freundliche Orange der Feldblumen fesselte eine Sekunde zu lang seine Aufmerksamkeit.

Im Restaurant ist es plötzlich sehr leise. An den umliegenden Tischen beobachtet man die Szene, einige Gäste flüstern. Sonja windet sich verlegen, während der junge Kellner stumm das Paar vor ihm studiert und die feuchte Serviette faltet.

„Entschuldigung", sagt Christian. Seine Stimme klingt fremd. „Ist schon gut. Alles in Ordnung." Er weiß genau, das ist nicht wahr.

**Katharina Stegen**

# Die Sachensucherin

Ich schreibe das Datum auf die gelbe Plastikkapsel aus dem Überraschungsei, 20.02.

Das ist ein Palindrom, das haben wir vor einigen Tagen in der Schule gelernt.

In meiner Liste sind die heutigen Funde Nummer 27, 28, 29 und 30, daneben schreibe ich den Inhalt der Kapsel. 27: eine Murmel mit Riss. Fundort: beim alten Baum auf dem Schulhof. 28: ein roter Faden, breit, vor dem Klassenzimmer. 29: ein Centstück, vor Annas Haus. 30: Kronkorken, unbekannte Biersorte, vor Zuhause.

Während ich meine Liste am Esstisch mache, sitzt Mama auf dem Sofa und legt Socken zusammen. Sie macht das alles sehr langsam. Es sind Marks Socken, bei meinen würde sie sich nicht so eine Mühe geben, ich bringe ja doch wieder alles durcheinander, sagt sie.

Ich verstaue meine Funde in einem Schuhkarton. Bald brauche ich neue Ü-Eier. Taschengeld gibt es erst am Sonntag, aber vielleicht bringt Papa mir welche vorbei, wenn ich ihn frage.

Mama legt jetzt T-Shirts zusammen, sie seufzt, faltet, seufzt, streicht glatt, seufzt, greift nach dem nächsten T-Shirt.

Als ich ihr erzählt habe, dass ich jetzt Sachensucherin werde, hat sie auch nur geseufzt und mich so merkwürdig angesehen. Deswegen zeige ich ihr auch nicht mehr, was ich alles gefunden habe, nicht mal die schöne rotbraune Feder von letzter Woche, beim Spielplatz, Nummer 24, die so groß war, dass sie gar nicht in eine Überraschungseikapsel gepasst hat. Also musste sie einfach so in den Karton, aber ich habe sie ein bisschen mit Watte eingewickelt, damit sie nicht kaputtgeht.

Ich hätte Mama gern die Feder gezeigt, aber dann wieder hat sie es nicht verdient, weil sie sich sonst auch nicht dafür interessiert. Mama seufzt bloß und legt Marks Hosen zusammen. Zuerst hat sie sich darüber gewundert, dass sie das überhaupt machen muss, aber an ihren Bewegungen merke ich, wie wenig es sie eigentlich stört.

Immer, wenn sie Marks Sachen faltet, geht ihr Blick so nach innen, als würde sie gar nicht sehen, was sie tut. Aber selbst wenn sie nicht irgendwas vorbereitet, sieht sie so aus, sitzt bloß da und sieht irgendetwas anderes als den Esstisch oder den Baum vor dem Fenster oder den Topf oder mich, wenn ich ihr beim Essen gegenübersitze.

Inzwischen weiß ich schon beim Aufstehen, an der Art, wie sie mich weckt, ob sie heute wieder meinen Bruder besuchen fährt.

Dann frage ich sie, ob ich mitkommen kann, und sie lächelt ein bisschen und sagt, vielleicht beim nächsten Mal, aber beim nächsten Mal sagt sie es wieder.

Wenn sie dann zurückkommt, ist es, als wäre sie aufgewacht, und sie sagt, ich habe Mark erzählt, was du so machst, und er hört gern von deiner Sammlung. Das ist in Ordnung, weil ich merke, Mama weiß noch, dass es meine Sammlung gibt.

Aber sie sagt nie: Dein Bruder würde dich gerne auch mal sehen. Und ich werde immer unruhig, wenn sie nach Hause kommt, und warte jedes Wort ab und warte darauf, dass sie das sagt: Mark hat nach dir gefragt, wann du mal vorbeikommst.

Beim letzten Mal habe ich Mama gefragt: Will Mark nicht, dass ich ihn besuchen komme?

Dann hat sie wieder geseufzt und ihr Blick ist wieder so nach innen gegangen, und sie hat nur gesagt, ach, Schatz, das ist alles nicht so einfach.

Mama hat fertig gefaltet. Sie packt die Sachen in eine Tüte, sieht mich dabei, wie ich sie ansehe, und zuckt kurz zusammen.

Dann lächelt sie wieder so durchsichtig, wie sie in letzter Zeit immer lächelt.

Ich gehe gleich zu Mark. Vergiss nicht, deine Hausaufgaben zu machen.

Ja, murmele ich und schaue auf meine Finger, auf einem ist ein schwarzer Fleck vom Filzer, mit dem ich auf die Ü-Eier schreibe. Auch mit Spucke geht er nicht weg.

Die Haustür fällt hinter Mama zu, dann höre ich, wie das Auto gestartet wird, das Geräusch wird langsam leiser, dann ist es still.

Ich könnte jetzt Fernsehen schauen oder einfach zu Anna rübergehen, ohne jemandem etwas zu sagen oder einen Zettel hinzulegen. Vielleicht würde Mama mich suchen, wenn sie zurückkommt von ihrem Besuch bei Mark. Vielleicht würde sie aber auch gar nicht merken, dass ich fehle.

Ich gehe nicht zu Anna und lasse den Fernseher aus, ich mache meine Hausaufgaben nicht. Ich sitze still, ganz still am Esstisch, betrachte die dunklen Linien im Holz und frage mich, ob es nun die ganze Zeit so sein wird, die ganzen zehn Jahre, oder etwas weniger bei guter Führung.

Isobel Markus

# Elefanten

„Hyäne", sagt Timo beim Hereinkommen und Dorothee merkt sofort, dass er Frau Dr. Karting nicht mag. Timo verteilt seit dem Unfall recht eindeutige Tiernamen.

Sie nehmen auf dem Sofa vor dem breiten Schreibtisch Platz und Timo starrt an Dr. Karting vorbei auf die Tapete.

Seit dem Unfall achtet Dorothee zwangsläufig ebenfalls auf Tapetenmuster. Hier ziehen sich Blumen-Ornamente in vertikalen Bahnen über die Wände. Zum Glück keine Raufaser. Timo macht die Unvorhersehbarkeit von Raufaser wahnsinnig. Er hat es gern absehbar. Entweder symmetrisch oder auf andere Weise ordentlich.

Gefangen starrt Timo auf das Muster. Dorothee hofft, dass er keinen Fehler entdeckt. Etwa beim Anschluss der Klebebahnen. Timo verzweifelt, sobald sich eine Ordnung unterbricht.

„Timo", sagt Dr. Karting, „gefällt dir mein Zimmer?"

Timo wird unruhig und Dorothee greift nach seiner gekrümmten rechten Hand.

„Spinne", antwortet Timo und Dorothee hält die Luft an. Sie ist sich jetzt sicher, dass Timo die Ärztin nicht ausstehen kann. Sie lächelt entschuldigend, aber Dr. Karting nimmt gar keine Notiz von ihr. Sie nickt nur.

Timos linkes Bein schlägt unkontrolliert aus. Spastiken, hatte der Neurologe ein paar Monate nach dem Unfall gesagt. Die und die Schluckbeschwerden würden vom Schädel-Hirntrauma herrühren. So wie alles seitdem. Dorothee seufzt leise und streichelt Timos verkrampfte Finger.

Die rechte Hand öffnet er seit dem Unfall selten. Wie die Tülle einer Kaffeekanne steht der Arm vor seinem Bauch, die Hand daran wie ein Henkel. Manchmal wird dieser Arm zum Rüssel eines Elefanten.

„Elefant", sagte Timo zum Beispiel gestern und machte ein trompetendes Geräusch. Dorothee sah ihm zu, wie er durch die Wohnung stapfte. Sie glaubte, er wolle sie aufheitern, und sie lachte ihm zuliebe.

„Warum Elefant, Timo?", fragte sie ihn, aber er antwortete nicht. Dorothee vermutete, dass er sich selbst so sah. Elefanten waren stark, aber hochsensibel, und manchmal weinten sie.

Eine Assistentin kommt herein und legt Dorothee einen Umschlag hin. Dorothee seufzt wieder, diesmal unhörbar und lässt Timos Hand los, um den Umschlag in ihrer Tasche zu verstauen.

Sie hat seit dem Unfall so viele offene Rechnungen, dass sie nicht weiß, welche sie zuerst ignorieren soll. Tagsüber ist sie abgelenkt, aber nachts in ihren Träumen tauchen die Zahlen auf, summieren sich, drücken sie im Schlaf an die Wand und pressen ihr die Luft ab. Dann erwacht sie mit einem Japsen, das ihr Sorgen macht. Überhaupt macht Dorothee sich nur noch Sorgen. Was würde mit Timo geschehen, wenn ihr etwas passieren würde? Wer wäre für ihn da? Wie würde es dann weitergehen?

Um das Zubettgehen hinauszuschieben, liest Dorothee seit Neuestem bis tief in die Nacht Bücher, für die sie sich früher geschämt hätte. Leichte Lektüre ohne Anspruch, vorhersehbar und immer mit gutem Ausgang. Die Autoren haben so wohlklingende Namen wie ihre Protagonisten, und Dorothee stellt sich vor, wie das Leben der Autoren vorhersehbarer Lektüre wohl verliefe. Vorhersehbar bestimmt nicht, glaubt sie.

Nichts war vorhersehbar.

Neulich im Wartezimmer während Timos Ergotherapie hielt sie eine Broschüre in der Hand, die das Tragen von Fahrradhelmen empfahl. Die Bilder zeigten gesunde Kinder mit lustig verzierten Helmen auf dem Kopf. Dorothee schlug das Heft zu und musste plötzlich heulen. Der Rotz lief ihr über den Mund und sie dachte, dass der Helm Timo auch nichts genutzt hatte. Ihre Schuhe scharrten auf dem grauen Linoleum, und als sich die Tür öffnete und Timo herauskam, hatte sie sich wieder im Griff und winkte fröhlich. Timo hatte nach ihrer winkenden Hand gegriffen und sie merkwürdig angesehen.

Dr. Karting kommt jetzt um den Schreibtisch herum und sagt: „Timo, die nächste Aufgabe wird dir leicht fallen. Du magst doch Tiere."

Dorothee klopft das Herz bis zum Hals. Sie greift wieder nach Timos Hand.

Die Ärztin hält Timo eine Bildertafel vor und deutet auf die erste Abbildung.

„Was für ein Tier ist das?" Sie legt den Zeigefinger auf eine Giraffe.

Timo ist unruhig.

„Kamel", sagt er und Dorothee hält seine Hand fest.

„Und dieses Tier?" Dr. Kartings Finger wandert zu einem Pferd.

„Esel", sagt Timo wie aus der Pistole geschossen und reibt sich mit der gesunden Linken das Auge, während Dorothee ihn erstaunt von der Seite anschaut. Timo erkennt normalerweise jedes Tier.

Dr. Karting fragt ungerührt: „Und dieses hier?"

Ihr Finger deutet auf einen Elefanten. Es ist ein großer Elefant mit einem lächelnden Gesicht und feuchten, sorgenvollen Augen. Sein Rüssel neigt sich Timo entgegen. Dorothee hält die Luft an, als Timo mit seiner Linken auf das Bild tippt und den Elefanten vorsichtig am Rüssel streichelt. Timos Blick ist zärtlich. Dann schüttelt er den Kopf.

„Na komm, Timo. Das Tier kennst du doch", sagt Dorothee und lächelt aufmunternd.

Und da sieht Timo Dorothee an, seine linke Hand legt sich an ihr Gesicht und er sagt: „Mama."

**Jennifer Bode**

# Nach draußen

Wenn sie aus dem Fenster blickt, kann sie die Haltestelle sehen. Der Bus, einer der schweren Stadtbusse, die wie ein verletztes Tier zu Boden sinken könnten, die Räder zu schwach, um das Gerüst über dem Asphalt zu halten, der Bus, einer von der langsamen Sorte, aber ich bin ja auch von der langsamen Sorte, denkt sie, fährt alle 40 Minuten.

Um 20.15 Uhr hinuntergehen, um 20.30 Uhr in den Bus einsteigen, um 21 Uhr wieder bei Mutter zu Hause sein. Mutter braucht Hilfe, die Plakate für die Demonstration müssen fertig gemalt werden. Marie malt schnell, sie zieht saubere Linien mit dem Pinsel, auch im Widerstand muss alles seine Ordnung haben. Auf den Demonstrationen geht Marie an der linken Hand der Mutter, in der anderen hält die Mutter ein Schild. Immer ist die Demo ein bisschen wie ein Familientreffen, die Leute kommen und umarmen Marie und loben die Schilder und stecken ihr Kekse zu, damit sie in den nächsten Stunden nicht hungrig sein muss. Marie erinnert sich an Haferkekse mit einem Klecks Schokolade in der Mitte, die Kekskrümel machten es sich zwischen ihren Zähnen gemütlich und sie trug sie die Straßen entlang, zum Endpunkt der Demo und dann nach Hause.

Marie tritt vom Fenster zurück. Zeit hinunterzugehen. Sie wundert sich nicht über das kleine Zimmer, in dem die Möbel unverrückbar sind, die Lesebrille, die auf dem Tisch liegt, auf einer Zeitschrift, wie man sie in Wartezimmern findet. Sie wundert sich nicht über ihre Füße in weißen Hausschuhen, die verlangen, dass man sich rücksichtsvoll bewegt. Marie tappt aus dem Zimmer, und wer sie auf dem hell erleuchteten Gang stehen sieht, der sieht vielleicht auch das Schild neben ihrer Zimmertür. „Marie Asmusen" hat die Leitung des Pflegezentrums dort anbringen lassen. Die Buchstaben ordentlich, in Schwarz gesetzt.

Marie weiß, dass es Zeit ist. Außer ihr wartet niemand an der Haltestelle, neben ihr bleibt ein Plastiksitz unter der Überdachung frei. Auf dem kleinen Fahrplan steht, wie sie es ja auch im Kopf hatte, 20.30 Uhr als nächste Abfahrtszeit. Noch sechs Minuten. Marie streckt die Füße in den Hausschuhen von sich, nach einem langen Tag hat sich die Müdigkeit zwischen ihren Zehen gesammelt. Zu Hause wird die Mutter nicht darauf bestehen, dass sie sofort mithilft, auf einem der Holzbrettchen kann sich Marie ein Käsebrot machen. Kauend wird sie die grauen Punkte beobachten, die sich auf der Tapete scharen, die Dunkelheit hält Einzug. Im Wohnzimmer hat die Mutter die zwei Sessel beiseite gerückt, damit genügend Platz zum Arbeiten ist. Eine Leselampe hat sie neben das Plakat, an dem sie gerade malt, auf den Boden gestellt, die ersten Buchstaben leuchten.

Sechs Minuten vergehen schnell, wenn man sich ausmalt, wo man hinwill. Marie dreht den Kopf, gleich wird der Bus zu sehen sein. Sie starrt ihm entgegen, hofft, dass es keine Verspätung geben wird. Wer Marie warten sieht, der erinnert sich vielleicht daran, was sie in der Lokalzeitung geschrieben haben über diese Attrappe einer Haltestelle, die zum Pflegezentrum gehört.

Roland Bärwinkel

# Vater, und wie ich es sehe

Fällt im Beichtstuhl, Gnade dir Gott, das Licht, aufgewärmt und
wie Bronze am späteren Nachmittag, auf das Profil des Popen,
durch die Hunderte von ausgestanzten Kreuzen, wirkt das Muster, als säße dort auf der anderen Seite eine Hyäne.

Mit solchen Sachen konnte mein Vater überraschen, und er hat
recht. Willst du nicht was Solides, was Anständiges mit deinem
Leben anfangen? Das werde ich in letzter Zeit öfter gefragt, liegt
wohl an meinem Alter. Meint ihr so was wie sinnvoll, habe ich
zurückgefragt, obwohl ich wusste, was sie meinten. Großes Ja
kam da. Eher nicht. Welchen Sinn macht es, dort zu landen, wo
die, die mich fragen, jetzt angelangt sind? Es gibt Bäume, die
wachsen ganz gerade und werfen alle Zweige dabei wieder ab.
Nur so ein mickriger Wipfel bleibt. So stelle ich mir den einen
oder anderen vor. Alle Kraft ins Geradehalten gepumpt, alle
Wünsche und Ziele ihrer Jugendzeit abgetrennt wie so Opfer.
Ich spüre gelegentlich, dass sie gerne auf die harte Tour ihre
NYPD-Nummer an mir durchziehen würden. Wer ahnt schon, an
wem noch. So viel Wut und Zorn haben einige in sich gespeichert.
Aber was macht das fürn Sinn, wenn man die nicht rauslässt?

In den Augen so was von: Sie könnten die ganze Welt auffressen.

Ich habe den Titel des Films vergessen. Darin spielen Helden meines Vaters, aber die sind alt geworden. Das Katzenhaft-Kantige
weg, diese Geschmeidigkeit und der Glanz wie von stahlblauen
Eisenkugeln als Augen. Die Augen leuchten nur noch wie bei
einem zerzausten Teddy. Die trinken jetzt viel weniger, der Spaß
daran ist aber nicht mehr zu erkennen. Falten wie ein Truthahn
am Hals. Ich kenne das alles von meinem Vater, einen Teil hat er
davon schon, anderes meldet sich gerade an. Beim Saufen ist er
ihnen schon voraus. Abstinenter Mann, aber Freude sieht anders

aus. Abstinent, betont er, wenn sich die Letzten treffen, und da ist so ein komischer Stolz, zum Wegwerfen, zum Mitleidkriegen. Manchmal denke ich an diesen Bullen in „Garp und wie er die Welt sah". Da sitzt also einer, ein Cop oder so, im Auto und wartet, dass seine Frau aus dem Waschsalon kommt. Während sie drin wüst vergewaltigt wird. Er steigt nicht aus, schaut nicht nach, das ist verrückt. Der ist nur Bulle bei den anderen, nicht im Dienste der Familie. Baumelt dem nicht son Kreuz vor der Nase im Auto? Und?

Wir haben über dem Waschbecken im Bad ein Holzkreuz, es ist unterhalb der Ablage und des Spiegels an die Wand geklebt. Vater hat das getan, sie gab einfach nicht nach, bis sie ihr Ziel erreicht hatte. Was hat es ihm genützt? Weg ging sie trotzdem. Das Kreuz riecht nach Zahnpastaspucke, Mutters Fingernagellack oder Haarzeug oder Vaters Deo. Keine Stunde später roch er wie ne Handballmannschaft voller Zigeuner, hat Mutter mal gesagt. Auch nach Alkoholbröckchen und verwichsten Händen stinkt das Holz.

Er schnieft dort hinter der Tür, als würde er sich verzweifelt was einziehen und kanns nicht richtig. Wahrscheinlich hat er die Nase an der Achsel und ist sich nicht schlüssig. Das kann er irgendwie am besten, sich nicht schlüssig werden. Auf dem Klo macht er Geräusche, die er vor einem Jahr noch nicht machte. Als müsste er Morgensterne scheißen. Plötzlich, sogar im Sitzen oder Liegen, kann ihm schwindlig werden und die Füße schlagen aus. Ich seh auch so, dass er alt wird, das ist wie mit der Ente vom Perpetuum mobile, wenn der der Spiritus ausgeht. Ich kenne vier Stellen im Haus, wo er seinen Whiskey versteckt. Raffinierte Sachen, aber n Klacks für so einen Schnüffler wie mich. Manchmal fülle ich anderes auf. Wasser, Sirup, Aftershave. Obstsaft von der Sorte, die nur ne große Runde um einen Berg Äpfel gemacht hat. Er trinkt es. Alles. Das ganze Zeug.

Diese senkrechte Falte auf seiner Stirn, um die habe ich ihn beneidet. Sie ist jetzt so, als könnte man da anpacken, links, rechts, und ihn aufreißen. Oder auf einen verdeckten Reißverschluss stoßen. Und drin ist nur so, was weiß ich? Wenn er vorm Fernseher hockt, wenn Fußball läuft oder „Bauer sucht Frau" oder „Hart aber fair" oder „Two and a half men", reibt er sich, das kann vorkommen, mit dem Handballen über den Brustkorb. Sucht was zwischen den Rippen. Vorhin erst wieder. Ich habe gleich die Nummer gewählt, als er seitlich wegkippte. Das hat er noch mitgekriegt, und so Augen gemacht, die größer waren, als ich es ihm je zugetraut hätte. Und so, wie der Blick war, wollte ich es nie wissen müssen. Komm schon Dad, komm schon, mach. Ich habe mich, so fickrig bin ich gewesen, bei der dreistelligen Nummer vertippt. Und es bemerkt. Und es so stehen lassen. Mach endlich, Dad.

**Regina Schleheck**

# Abgefahren

Das Mädchen sitzt am Schreibtisch, vor sich ein Buch. Den Kopf hat sie so in die Hände gestützt, dass die Hände die Ohren bedecken. „$a^2$ + 2ab ...", murmelt sie. Wie gern wäre sie mit nach Düsseldorf gefahren! Hinter ihrem Rücken vibriert das Handy auf dem Bett.

Der Grauhaarige duscht ausgiebig. „Geschäftsessen", hat er seiner Frau gesagt. Sie hat sich nicht umgedreht, guckt Markus Lanz.

Zwischen dem Top der Blonden und dem Nietengürtel ist viel solariumbraune Haut. Nur im Nabel glitzert es neckisch. „Ganz alleine hier?", fragt sie. Der Junge bestellt ihr einen Cocktail und schreibt auf dem Klo eine SMS. Warum ist sie auch nicht mitgekommen!

Der Bulgare versucht es in der Charlottenstraße. Er erkennt die Bullen in Zivil sofort, die die Mädchen vom Babystrich ansprechen. Man sieht es an ihrer Haltung. Er schlendert in Richtung Bahnhof.

Das Handy hat sich selbständig gemacht. Es vibriert bis an den Rand des Bettes und fällt auf den Boden. Das Mädchen schreckt auf, dreht sich um, entdeckt das Handy, hebt es auf.

An der Wohnzimmertür zögert der Grauhaarige, geht dann zu der Frau auf dem Sofa und drückt ihr von hinten einen Kuss auf den Kopf. Sie schnuppert, sagt: „Bleib anständig." Er zieht die Haustür hinter sich zu.

Die Blonde schmiegt sich beim Tanzen so an den Jungen, dass er Mühe hat, seine Erektion zu verbergen. Er fixiert die Leuchtschrift vor dem geflügelten Logo: „Rheingold". Darunter: „Orange Club".

Der Bulgare versucht es in der Nähe der Bahnhofstoilette. Er überlegt nach Köln zu fahren. Da ist es einfacher. Aber das kostet Zeit und Geld. Er hat diesen Monat noch nicht viel verdient. Die Kinder brauchen Schuhe, hat seine Frau am Telefon gesagt. Sie wachsen so schnell. Weihnachten hat er sie kaum wiedererkannt.

Als das Mädchen auf dem Bahnsteig ankommt, schließt die S-Bahn Richtung Düsseldorf eben die Türen. Sie rennt auf den Zug zu. Er setzt sich in Bewegung. Wieso sieht der Fahrer sie nicht? Verzweifelt legt sie noch einen Zahn zu, winkt – und rutscht aus. Stürzt. Fällt.

Der Junge ist kurz davor, die Blonde im Stehen zu vögeln. Während ihre Zungen einander umschlingen, er ihren Hintern an sich presst, schiebt sie die Hand vor den nackten Bauch, zerrt an seinem T-Shirt, Haut reibt sich an Haut, sie fingert an seinem Reißverschluss, er stöhnt. Lippen nähern sich seinem Ohr. Es kribbelt. „Fünfzig Euro auf dem Klo", flüstert sie.

„Hundert Euro auf dem Klo", zischt der Bulgare. Der Dicke schnaubt. Egal! Der Fettsack stinkt derart nach Schweiß, dass er nicht nur die Augen schließen, sondern sich auch die Nase wird zuhalten müssen. Wenn er nur auch das Denken abstellen könnte! Die Schande! Er nimmt trotzdem keine Drogen. Dann wäre das Geld ja gleich weg. Als der Dicke mit dem kleinen Junkie abzieht, ist er erleichtert. Und verzweifelt.

Als der Grauhaarige auf dem Bahnsteig ankommt, hört er, wie die Bahn sich ratternd entfernt. Abgefahren! Verärgert geht er zum Kasten mit dem Aushang. Hat er wieder eine Planänderung verpasst? Vor ihm klettert ein Mädchen von den Gleisen auf den Bahnsteig. Stemmt sich mühsam hoch. Er wendet sich dem Glaskasten zu. Horcht auf ihre Schritte in seinem Rücken. Nein, er hat *keinen* Euro! Wer will, findet immer eine Möglichkeit Geld zu verdienen! Sie torkelt zur Treppe.

Der Junge steht unschlüssig im Bahnhof herum. Der Abend ist noch jung. Zurückzufahren, käme im Moment nicht gut. Warum hat er nur diese verdammte SMS geschrieben? Wegen dieser *Nutte*! Er spuckt auf den Boden. „Zeigen Sie bitte Ihren Ausweis", sagt eine Stimme hinter ihm.
Das fehlte gerade noch.

Zu Hause angekommen, schmeißt das Mädchen sich aufs Bett, fühlt sich vollkommen überfahren. Was für ein Zufall, dass sie genau *zwischen* die Schienen gestürzt ist! Der verdammte Fahrer hatte *nichts* mitgekriegt! Das Handy vibriert wieder. Sie schluchzt trocken. Am Ende hätte das Arschloch noch geglaubt, sie hätte sich *seinet*wegen vor den Zug geschmissen! *So* viel Mathe hat sie trotz allem kapiert: Eins und eins ist *nicht* zwei!

Der Bulgare hat die Bullen beobachtet. Lächerlich! Was für ein *Jüngelchen*! Den Grauhaarigen registriert er erst, als er vor ihm steht. Guter Kunde! Zumindest wäscht der sich vorher. *Und* zahlt die hundert Euro. *Und* will es nur mit Gummi. Aber jetzt haben die Bullen sie beide entdeckt. Er rennt los, will an ihnen vorbei, rempelt den Jungen an, der das Portemonnaie noch in der Hand hat, es wirbelt durch die Luft, fällt, Münzen und Papiere rutschen raus. Der Bulgare rennt weiter.

Die Fahrkarte ist weg! Das Geld auch. Zu viele klaubende Hände. Er wird sie anrufen müssen. Sie bitten, ihn abzuholen. Ehe der Junge es aus der Tasche ziehen kann, vibriert sein Handy. „Der Zug ist abgefahren!", liest er. Er riecht den Grauhaarigen, ehe er ihn sieht. Stand der nicht eben noch neben dem Typ, der ihn umgerannt hat? „Hundert Euro mit Gummi", raunt der Grauhaarige.

Martina Hegel

# Niemals am Meer

Giselas Stimme war meist ein wenig zu laut: „Soooo, einmal wie immer und ein Bier! Ich schreib's dir an." Selten hatte er sie leise sprechen hören, nur dann, wenn sie von Rolf sprach. Rolf, den niemand jemals gesehen hatte, weil er schon seit Jahren um die Welt segelte. Er schickte seiner Mutter bunte Postkarten aus Amerika, Australien und Afrika und erzählte ihr von seinen Abenteuern, aber auch die Postkarten hatte nie jemand gesehen. Sie sagte dann so etwas wie: „An Weihnachten kommt mein Junge mich besuchen, wenn er es schafft." Und er sagte: „Ganz bestimmt", und bemühte sich um ein Lächeln.

Sorgfältig drückte er seine Zigarette aus. Seine Fingerspitzen waren gelb, das waren sie schon, so lang er denken konnte. Die Gabel zerteilte die Frikadelle in kleine triefende Stücke. So aß er sie am liebsten. Er roch daran, dann tunkte er sie genüsslich in den Senf, und schob sie in seinen Mund, wo sich Fett und Schärfe auf seiner Zunge vereinten. Gisela, die roch genauso, und genauso fühlte es sich an, wenn seine Arme ihren üppigen Leib umschlangen, und er seinen Kopf an ihre Brüste legte, bis da nichts mehr um ihn war als weiches Leben und der Geruch von Frikadellen und Bier und ein bisschen das Gefühl von Heimat.

Er drehte den Briefumschlag hin und her, „Amtsgericht Hamburg" stand darauf, aber das wusste er nicht, er sah nur den blauen Stempel, und dass es wichtig sein musste. Sorgfältig faltete er den Umschlag in der Mitte und steckte ihn in seine Hosentasche. Dann ging er in die Apotheke an der Ecke und löste sein Rezept ein. „Sie kennen sich ja damit aus", sagte die Apothekerin und schob eine große Packung Insulin in seine Richtung. Er nickte nur. Um drei machte Gisela auf, jetzt war es zwei, aber meist war sie etwas früher da, um alles vorzubereiten. Er klappte den Kragen seiner Jacke noch weiter hoch, damit der

Regen nicht in sein Hemd tropfte, und klopfte an ihre Tür. Als sie verwundert auf ihre Uhr sah und dann in sein Gesicht, zog er das Schreiben aus seiner Tasche und legte es ihr in die Hand. „Vom Amtsgericht Hamburg, was ist das?", fragte sie, er zuckte nur mit den Achseln. Er hatte noch nie etwas mit einem Gericht zu tun gehabt, sein Leben lang nicht. Vorsichtig öffnete sie den Umschlag, faltete die Seiten auseinander und las. „Und?", seine Stimme klang ängstlich. „Dein Onkel ist tot." „Mein Onkel?" „Ja, so steht es hier." Gisela las ihm alles vor. Sie begleitete ihn auch zum Notar und zum Gericht, wo er einige Formulare unterzeichnen und einige Hände schütteln musste.

Er konnte sich kaum an seinen Onkel erinnern, nur dass er groß war und hager und still. Zuletzt hatte er ihn als Kind gesehen, und trotzdem hatte dieser ihm sein Haus vermacht und alles, was darin war, wahrscheinlich, weil es sonst niemanden mehr gab. Auch etwas Geld und die beiden Katzen, um die sich eine Nachbarin jetzt kümmerte. Ihr gab er auch den Haustürschlüssel. „Bis auf Weiteres", sagte er zu ihr. Er erbte auch einen lindgrünen alten Mercedes, in dem er nun schon seit Stunden saß und nachdachte, während seine Finger langsam über das Kunstleder des Beifahrersitzes strichen.

Irgendwann fuhr er los, zu ihr, er machte keine Umwege. Mit festem Blick sagte er nur: „Gisela, lass uns gehen!" Sie erwiderte nichts, blickte ihn einige Sekunden lang an, band dann ihre Schürze ab, griff die kleine verschlissene Handtasche und den Schlüssel und zog die Tür hinter sich und ihrem bisherigen Leben zu. An der Tankstelle kaufte er eine Straßenkarte und eine in Folie verpackte Rose. Er hielt ihre Hand, als sie die Blume auf Rolfs Grab legte.

„Ich war noch niemals am Meer", sagte er, nachdem sie eine Zeit lang wortlos auf der Autobahn gefahren waren. Sie nickte.

Sigrid Kruse

# Wohnhaft

Wenn jemand hochblickte und seine Augen suchend über Fenster glitten, würde er ihn als Schatten wahrnehmen: ein dunkler Koloss, massig und ungeschlacht hinter der leichten Gardine. Aber es blickt niemand hoch. Alle sind in Eile, tragen Tüten durch die Straßen, darauf Werbung von Geschäften, die er nie betreten hat. Er weiß, was die Nachbarin denkt, und dass sie es weiter erzählt. Harsche Worte, die wie Steine an seine Eingangstür schlagen. Er weiß nicht, dass sich kaum jemand dafür interessiert, ob sie über den starken Kerl schimpft, der faul am Fenster steht, Tag für Tag, als wäre das eine Aufgabe, und seine Mutter die Kartoffeln und Wasserflaschen anschleppen lässt, jeden Freitag. Oder ob nachts die Stimmen aus dem Fernseher so laut sind, als stritte sich eine Horde Soldaten.

Seine Mutter stellt ihm den Korb mit Lebensmitteln vor die Tür und geht. Sie spricht kaum mehr mit ihm, seit er sie angelogen hat. Alles sei in Ordnung, hat er gesagt, alles bestens: seine Arbeit, seine Liebe, sein Leben. Jedes Mal sieht sie sich von unten auf der Straße noch einmal um und legt den Kopf in den Nacken. Einmal hat sie ihn am Fenster winken sehen, als wolle er ihr etwas nachrufen.

Vielleicht: Nimm mich mit oder erlöse mich von dem Übel? Aber das hat sie schon versucht. Oft sogar. Das kann ihr niemand nachsagen, dass sie es nicht zig Mal probiert hat.

Bis zur Treppe hat sie ihn an der Hand aus der Wohnung gezogen unter lautem Bitten und Betteln, weil er sich so gesträubt hatte. Dann wollten seine Beine plötzlich nicht mehr und er hat geschrien, trotzig wie nie als Kind. Zitternd am ganzen Körper und weiß im Gesicht saß er da auf der Treppe, an die Wand gedrückt.

Das müssen die Schmerzen sein, erzählt seine Mutter dem Patenonkel, überall, im Rücken, in den Händen, das zieht bis in die Füße. Dass er aber doch jung ist, sagt der Patenonkel, und dass er sich nicht gehen lassen darf. Wenn er im Rollstuhl säße, seufzt seine Mutter, könnte man wenigstens sehen, wie krank er ist. Aber einen Rollstuhl braucht er nicht. Wenn ihn die Unruhe überfällt und die Erstarrung ablöst, wippt er auf den Zehenspitzen, hastet mit einer Behändigkeit, die er seinem Körper selbst gar nicht zugetraut hat, von einem Zimmer zum anderen, immer hin und her, bis er schwer atmend die Hände wieder am Fensterknauf festklammert, das Fenster aufreißt, sich weit hinausbeugt, als wolle er fliegen. Dann trocknet er mit der Gardine sein schweißnasses Gesicht.

Wenn die Angst kommt, gibt es kein Versteck für ihn, nicht mal im verdunkelten Schlafzimmer hinter dem Bett, und nie weiß er, wann sie wieder geht. Sie ist eine zerstörerische Liebste, auf die er warten muss. Sie erscheint, wann es ihr passt und überwältigt ihn.

Früher hat manchmal noch eine ehemalige Schulkameradin angerufen, aber die hat nichts kapiert. Er wusste nichts zu sagen auf ihre halbherzigen Ermunterungen: Das wird schon wieder … Und legte nach einer Weile Schweigen auf.

Er erinnert sich, dass er es danach noch einmal geschafft hat, die brennend heiße Klinke zu drücken, mit rebellierendem Magen die Treppen hinabzuhetzen und ohne Pause einmal durch die Fußgängerzone zu rennen, hin und her. Bleib doch, setz dich, lockt es von allen Seiten. Iss ein Eis, das kühlt! Komm, kauf ein paar Blumen, sie sind nie mehr so schön wie heute! Sieh die Zeitschriften, noch feucht von Druckerschwärze! Schau dich um, vielleicht ist jemand da, der dich anlächelt!

Aber die andere Stimme ist immer schon da, bohrend und tief in seinem Kopf. Bleib, wo du bist, was willst du hier draußen, du störst!

Quäl dich nicht, flüstert die Stimme: Alles geht vorbei, das Eis schmilzt, die Blumen welken, die Zeitschriften sind morgen schon veraltet. Und du, du musst weiterleben. Du hast die Welt vor dem Fenster, du hast sie auf dem Bildschirm. Was willst du mehr? Willst du wirklich hinaus, hinein in diese Welt?

Will er wirklich in diese Welt, in der er stört? Er weiß es nicht. Er will es nicht wissen, seit ihm seine Mutter die Pillen bringt. Wie Perlen glänzen sie. Er hebt sie in einer geschnitzten Dose auf. Die Mutter geht zur Apotheke, damit ihm die Perlen nicht ausgehen. Dem Arzt klagt sie, er sei ein aussichtsloser Fall. Und er nimmt seinen Platz hinter der Gardine wieder ein.

Katharina Unteutsch

# Whitewater. Tegernsee

In dem Sommer, als Joanna aufhörte, Cat zu mir zu sagen, reisten alle um die halbe Welt. Ich flog zu meiner Tante nach Kanada, die ein Grundstück hatte, das groß war wie ein Golfplatz und auf dem Hirsche morgens neben meinem Fenster grasten (sagt man das so bei Hirschen, grasen?). Erst später fand ich heraus, dass es eigentlich Trughirsche waren.

Ich kaufte goldenen Nagellack in einer Shoppingmall und trank Milch, die absolut kein Fett hatte, skimmed milk. Ich dachte immer, dass es skin milk heißen würde, von skinny, weil man davon so dünn werden musste. Meine Tante trank viel davon, sie trank die Milch wie Wasser, white water, sie war überhaupt nicht dünn. Sie hatte auberginefarbene Haare, die sie selbst färbte, dabei hielt sie den Kopf über die Badewanne. Ein paar Tage glänzte die obere Seite ihrer Ohren auberginefarben und auf der Stirn hatte sie Flecken, die wie Schatten auf ihrer Haut lagen. Sie erinnerten mich an die Altersflecken, die ich früher auf den Händen meines Urgroßvaters gezählt hatte. Aber sie verschwanden schnell wieder.

Später hat meine Freundin Caitlin zu mir gesagt, sie fürchte sich vor Altersarmut. Schon der Gedanke an das Wort lässt einen erstarren. Sie sagt, sie fürchte sich davor, sie könnte eine von diesen Frauen werden, die plötzlich anfingen, Leopardenleggins zu tragen und ihre Haare rosa oder auberginefarben zu färben.

Im Kühlschrank lag eine Woche lang ein riesiger Krebs, den meine Cousins im Pazifik gefangen hatten. Ich sagte das später gerne: Pazifischer Ozean. Ich bin im Pazifischen Ozean geschwommen, während meine Cousins einen Krebs gefangen haben. Eigentlich war ich nur bis zu den Knien im Wasser, und den Krebs hatten wir aus der Tiefkühltruhe in der Shoppingmall.

Aber ich sagte nichts, und sie sagten auch nichts. Der Krebs hatte einen orangen Panzer, seit sie ihn in kochendes Wasser geworfen hatten, und nach ein paar Tagen begann er zu stinken. Nach einer Woche warf meine Tante ihn weg.

Ein Mädchen aus der Nachbarschaft mit blasser Haut, deren gelbblond gefärbte Haare ich sehr bewunderte, fragte mich, ob ich Hitler mag: *Do you like Hitler?* Ich starrte sie an und bekam ein rotes Gesicht.

Den Jungen aus der Nachbarschaft, der immer ein rotes Gesicht hatte und eine Haut, die sehr weich aussah, im Nachhinein sogar fast zu weich, habe ich nicht geheiratet. Aber ich mochte es sehr, wie er das Wort Milch aussprach, wie all die Konsonanten darin zusammenbrachen, vielleicht wollte ich ihn deshalb heiraten.

Das Mädchen aus der Nachbarschaft mit dem gelben Haar sagte: I met that guy last Saturday, Chris. He's so cute. But you know what? I even forgot to take my makeup. I was dead. I was *dead*.

In ihrem Haus fand ich einen billigen Fächer aus Holz, der mir gefiel. Außerdem war mir immer heiß. Sie schenkte mir den Fächer.

Der Fächer ging später im Zug kaputt, die dünnen Perlonschnüre rissen zwischen den Holzblättchen, als ich ihn aufklappte.

Als Joanna mich fragte, wie mein Sommer war, sagte ich: *It was great.* Ich bin mit Chris herumgereist, in Kanada. Wir haben so viel gesehen. Ich sagte: Ich habe dir auch eine Karte geschrieben, aber erst aus Deutschland. Wir waren noch am Tegernsee. Auf die Postkarte hatte ich geschrieben: *Bin jetzt am Tegernsee. Der See ist genauso blau, wie wir ihn uns immer vorgestellt haben.*

Aber was hätte ich auch sagen sollen? Ich war den Sommer am Tegernsee?

**Anne Hassel**

# Prinzipien

Arno hatte Prinzipien.

Leander wusste es vom ersten Tag an, als er in die Wohnung im oberen Stockwerk zog.

„Leander", hatte Arno gesagt und ihn gleichzeitig an- und durch ihn hindurchgeschaut. „Leander, hier wohnen nur anständige Leute. Keine Fixer, Ausländer oder sonstiges lichtscheues Gesindel. Ich hoffe, du bist so wie wir."

Er duzte ihn, als kenne er ihn seit Jahren.

Und Leander nickte und versuchte, Arnos Blick auszuweichen.

Kurze Zeit später begann er, von der dicken Rothaarigen unten im Kiosk zu erzählen, deren Busen auf den Zeitschriften lag, wenn er sich mit ihr unterhielt. Die ihn schon ein paar Mal eingeladen hatte.

„Die will wirklich was von dir?", fragte Arno bei der ersten Schilderung, und Leander erinnerte sich an das Aufblitzen von Misstrauen in den zusammengekniffenen Augen.

„Kannst sie ja fragen", antwortete Leander und spürte dieses flaue Gefühl im Magen, die Angst, wenn Arno „ja" gesagt hätte. Doch nach kurzem Zögern klopfte ihm Arno auf die Schulter und meinte:

„Natürlich weiß ich, dass du nie lügen würdest. So jemand käme mir nicht ins Haus."

Erst viel später dachte Leander, dass Arno wahrscheinlich zu feige war, bei der dicken Rothaarigen jemals ein Wort darüber zu verlieren.

Nur fragte er jedes Mal, wenn er Leander im Haus traf, was es denn Neues gebe, und Leander erfand intime Dinge und erzählte sie ihm unter dem Siegel der Verschwiegenheit.

Leander ließ den Stoff durch die Finger rinnen.

„Seide", sagte die Verkäuferin, „ein wunderschönes Kleid. Aber nicht ganz billig!"

Sie betrachtete Leander, sein T-Shirt, den roten Fleck darauf, Tomatensoße vom letzten Mittagessen.

„Ich weiß", murmelte er und drehte das Preisschild so, dass er es nicht mehr ansehen musste.

„Ein Geburtstagsgeschenk für meine Frau, ich suche ein Geburtstagsgeschenk für sie", flüsterte er dann, fast entschuldigend, während seine Hände noch immer den Stoff liebkosten.

„Welche Größe?"

Er erschrak, das Kleid flatterte auf den Boden. Ein Nichts aus Stoff.

„Welche Konfektionsgröße hat Ihre Gattin?", wiederholte die Verkäuferin ihre Frage. Sie ging in die Hocke, fasste nach dem kostbaren Stück, hob es auf, bevor er es tun konnte.

„Sechsundvierzig." Er hustete und vermied es, sie anzusehen. Sie beugte sich ihm entgegen, damit sie ihn verstehen konnte.

„Dann passt es nicht!"

Die Kälte ihrer Stimme tat ihm weh.

Er drehte sich um, rannte fast aus dem Laden, hastete in das nächste Geschäft. Damenmoden 1. Stock, las er, ließ sich von der Rolltreppe nach oben tragen, dorthin, wo Kleider auf Bügeln hingen. Seine Hände zitterten, als er die Stoffe berührte. Er liebte glänzende, weiche Materialien, zart wie Schmetterlinge, die sich an die Haut schmiegten, eins wurden mit ihr. Er entschied sich für ein blaues Kleid mit tiefem Ausschnitt. Kaltes Blau, das sich aber anfühlte, als wären Sonnenstunden darin eingefangen.

„Für meine Frau", erklärte er an der Kasse wieder mit einem schiefen Lächeln, das so lange blieb, bis er bezahlt hatte und die Tüte in seinen Händen hielt.

Hoffentlich begegne ich Arno nicht, dachte er auf dem Weg nach Hause und ahnte bereits die Hoffnungslosigkeit dieses Gedankens. Arno passte ihn jeden Tag ab und jeden Tag fragte er nach der Rothaarigen vom Kiosk.

„Na, Alter?" Arno grinste. „Und?"

„Heute war nichts", antwortete Leander hastig, fühlte in Gedanken den blauen Stoff, den er zusammen mit der Tüte in seinem Aktenkoffer verstaut hatte.

In Arnos Gesicht spiegelten sich Enttäuschung und Ärger.

Im Treppenhaus war es nun still. Leander schlich auf Zehenspitzen nach oben, um die Stille nicht zu zerstören. Für Sekunden vergaß er zu atmen, als er jetzt im Wohnzimmer das Kleid vorsichtig auspackte. Dann legte er es plötzlich, fast lieblos, schroff, auf das Sofa. Zog T-Shirt, Hose, Unterhose und Strümpfe aus und lief in das Bad, ließ Wasser über den nackten Körper laufen. Er trocknete sich sorgfältig ab. Wassertropfen hinterlassen hässliche, dunkle Flecken auf Blau.

Als er das Kleid berührte, lächelte er. Beim Überziehen reckte er die Arme in die Höhe, vergrub kurz das Gesicht in der Weichheit des Stoffes, bevor er es über die Brust, den Bauch, die Hüften zog.

Eine zweite Haut schmiegte sich an ihn.

Er drehte sich vor dem großen Spiegel im Schlafzimmer, wieder und immer wieder. Er vergaß alles um sich, Arno, die Dicke vom Kiosk, die Leere in seinem Innern. Drehte sich, tanzte, lachte.

Als es plötzlich an der Tür läutete, ging er, ohne zu überlegen, und öffnete.

Draußen stand Arno. Er lachte nicht, als er seinen Mieter im Frauenkleid von oben bis unten betrachtete.

Er hatte Prinzipien.

„Lass dir erklären", fing Leander an. Leise, fast bittend.

Er setzte den rechten Fuß vor den linken, streckte die Arme aus.

Jeden Schritt, den er nach vorne ging, wich Arno zurück, ein Ausdruck des Ekels auf seinem blassen Gesicht. Vergaß, dass hinter ihm die Treppe nach unten führte, schrie, als er in die Luft trat und keinen Halt mehr fand.

Leander schloss die Augen. Leise zog er die Tür ins Schloss.

Er würde nie mehr von der Rothaarigen am Kiosk erzählen müssen.

**Astrid Reimann**

# Für Marie

Seine besten Jahre sind vorbei. Er weiß es. Sie füllen seinen Bauch. Bierzeitrechnung. Jeden Tag fünf, manchmal auch mehr. Die Jahre hängen ihm über den Hosenbund.

Er hat sich in die Jeans gezwängt. Wenn er sie trägt, fühlt er sich ein bisschen wie damals, als er noch gebraucht wurde, an der Maschine. Der Motorenlärm in der Halle hat seine Stimme laut gemacht.

„Brüll doch nicht so!", hat seine Marie immer gesagt. Marie ist gestorben im letzten Jahr und nun brüllt er nicht mehr und seine Stimme ist in den Bauch gerutscht zu den Bierjahren.

Er sitzt im Café an der Seepromenade, wo er mit Marie oft war. Die Jeans, die er heute trägt, wird schon dünn über dem Hintern und an den Knien. Seine Hände liegen massig auf den Schenkeln. Ab und an greifen sie zum Glas, mehr haben sie nicht zu tun. Dabei konnten sie zupacken. Doch das ist lange her. Länger, als Marie von ihm gegangen ist. Sie hatte es gemocht, wenn er sie packte, liebevoll, kraftvoll, einfach hochhob, sein Mädchen, hoch über seinen Kopf, bis sie quietschte.

Heute quietscht nur die Tür zum Schlafzimmer. Er könnte sie ölen. Für Marie. Doch er schläft jetzt auf der Couch, lässt das Bettzeug auch am Tage dort liegen, immer öfter. Meist nickt er beim Fernsehen ein, ohne den gewohnten liebevollen Stoß in die Seite: „Du schnarchst schon wieder, alter Brummbär!"

Es ist wenig los heute im Café. Aber der Tisch, an dem er mit Marie saß, ist besetzt. Drei ältere Frauen, die mit Rotwein anstoßen und dabei lachen und schnattern wie junge Mädchen.

Die eine hat Maries Augen. Es tut weh. So heftig, dass er sich an die Brust fassen muss. Vielleicht sollte er nicht mehr trinken? Für Marie.

Er kippt das Glas bis auf eine Neige hinunter und legt einen Geldschein daneben. Beim Aufstehen stützt er sich schwer auf die Tischkante.

Er wirft einen letzten Blick auf ihre Augen. Seine Lippen bewegen sich wie zu einem Gruß.

Und Marie lächelt.

## Katharina Spengler

# Der Prospektjunge

Unten bei den Briefkästen hatte der Karton gestanden. Mit einem Zettel „zu verschenken". Normalerweise achtete er nicht auf den Kram, den die Leute im Hausflur abstellten, doch dieser Karton mit Teelichtern hatte es ihm angetan. Wer mochte ihn dort hingestellt haben? Sicher ein Mädchen. Abedin erkannte an der Schrift, dass es sich um ein Mädchen handeln musste. Sie schrieben irgendwie runder. In der Schule beobachtete er sie oft. Keine im Speziellen natürlich. Außer vielleicht Bianca ein bisschen mehr. Er mochte es, wie ihre kleine Hand den Stift hielt, wie sie beim Schreiben den Kopf senkte und den Blick auf die Haare in ihrem Nacken freigab. Er hätte sie gerne berührt, obwohl es nicht notwendig war, denn er wusste, dass sie weich waren. Alle Mädchen waren weich. Er wusste es vom Tanzkurs, den er seit ein paar Wochen besuchte.

Seine Freunde würden ihn auslachen, wenn sie es wüssten, doch seine Mutter hatte sich so sehr gefreut, dass er ihr Geburtstagsgeschenk angenommen hatte. Ihr ging es natürlich darum, dass er dort mit anderen Jungs aus der Stadt in Kontakt kam, sie mochte seine Freunde nicht. Sie waren ihr zu grob und zu laut. „Unflätig." Sie konnte dieses Wort ausspucken, dass man fast die Tropfen fliegen sah. Seine Mutter war nicht weich. Aber sie war auch kein Mädchen mehr.

Und seine Jungs kamen nicht mehr zu ihm nach Hause. Seit dem Tanzkurs ging er auch nur noch selten zu ihnen. Früher hatte er die Prospekte schneller ausgetragen als vorgegeben und so ein paar Minuten mit seinen Freunden gewonnen, immer am Ende der Tour. Seine Mutter hatte gedacht, er brauche so lange für die Straßen, aber oft hatte er einfach das Fahrrad genommen und behauptet, er sei zu Fuß gegangen. Seine Jungs hatten ihm fest auf den Rücken geschlagen und sich gefreut, ihn zu sehen.

Mädchen schlugen sich nie auf den Rücken. Sie lächelten und umarmten sich, manche küssten sich zur Begrüßung sogar auf den Mund. Abedin schauderte. Gerne hätte er einmal Mädchenlippen auf seinem Mund gespürt. Aber das durfte er nicht laut sagen. Mit wem über Wünsche sprechen? Er sah sich um und griff nach einer roten Gelkerze. Vorsichtig roch er daran. Himbeere? Nein, er kannte sich mit Obst nicht aus. Ob Bianca sie mögen würde? Er könnte sie zu sich einladen, den Tisch schön decken, die Kerze anzünden. Er könnte Tanzmusik auflegen, keine wie in der Disko, sondern so wie in der Tanzschule. Etwas Langsames. Er würde Bianca zum Tanzen auffordern, sie würde ihre Hände in seine legen, unglaublich schöne Hände, die den Stift so hielten wie keine sonst, dann würde sie den Kopf neigen und er könnte ganz vorsichtig an ihrem Hals riechen. Sie würde nichts davon merken, oder noch besser: Sie würde es merken und genießen. Sie würde ihn anlächeln und dann würde sich der Duft der Kerze mit dem Geschmack ihrer Lippen vermischen. Er schloss die Augen und seufzte.

„Hey, du!" Er riss die Augen auf. Ein Mann stupste ihn unsanft mit einem Gehstock an. „Bist du der Prospektjunge? Was treibst du da? Klaust du etwa? Hä, hä?" Wieder ein Stoß mit dem Gehstock. „Nein", stammelte Abedin, „ich habe nur – hier, das ist zu verschenken, sehen Sie?" Der Mann beugte sich vor. „Unfug!", rief er. „Du kannst doch sowieso nicht lesen! Oder warum kriege ich jede Woche deine Prospekte, obwohl da steht ‚KEINE WERBUNG EINWERFEN', hä? Kann sein, dass es ein Geschenk ist, aber nicht für dich, verstehst du? Hä? Verschwinde!"

Abedin hätte dem Mann gerne erklärt, dass er sehr wohl lesen konnte, dass er aber verpflichtet war, die Prospekte einzuwerfen, weil er sonst Ärger bekam. Stattdessen drehte er sich um und rannte. Die Gelkerze ließ er liegen. Irgendwann würde Bianca ihn sehen.

**Kristina Wilhelms**

# Bruce Lee von Mostar, YU

Ich lege meine Hand auf den kalten Stein. „Marmor", sagst du und blinzelst. Ein ähnliches Material wie die Arbeitsplatte in Tantes Küche, auf die ich mich im Sommer in einem kurzen Rock immer hochgehievt hatte.

„Und wo ist er?"

Ich spucke in das hohe Gras. Es sind 40 Grad und keine Spur von Sauerstoff. Die ganze Stadt ein staubiges Wohnzimmer, in dem sich die Menschen wie Flöhe eingenistet haben, jeder in seiner Ecke. „Die Moslems und Christen leben hier nicht zusammen, wie alle sagen, sondern nebeneinander", hattest du auf unserer Fahrt hierher gesagt, in dem alten „Yugo" aus der Garage eures Ferienhauses.

„Bruce Lee: Held vieler, Held für Mostar, Held für uns. 1940 – 1973", steht auf dem kleinen Blechschild am Sockel. Aber er fehlt.

„Wir sind 900 Kilometer gefahren! Stand denn nirgends irgendetwas? Nix?"

Du zuckst mit den Schultern und ich habe dich noch nie mehr gehasst als in diesem Moment.

„Dann suchen wir ihn halt!"

„Wo, um Gottes Willen, willst du denn suchen?"

Ich rotze wieder auf den Boden. „Das ist eine mindestens 300 Kilogramm schwere Statue, ja? Wahrscheinlich aus Bronze oder so!"

Wir stehen vor dem verlassenen Sockel, der seit zwei Tagen unser Ziel gewesen war. Und wir stehen in einer Stadt, die wir nur aus Tantes Geschichten kannten. Geschichten vom Balkankrieg – obwohl sie diese Bezeichnung hasste – und davon, wie irgendwer das Haus ihres Bruders in die Luft gejagt hatte, nur zwei Wochen nachdem er eingezogen war. Mostar war mal die aufgeregte Großstadt, von der Mädchen wie Tante damals träumten. Als sie in unserem Alter war, wurde sie Krankenschwester. Der Nummer-Eins-Job für jugoslawische Mädchen. Heute wollen sie alle nur noch weg, sagte sie uns mal. Ich war neidisch, auf eine seltsame, kranke Art. Auf ihre Unerschrockenheit. Ich wollte mit ihr tauschen und schämte mich gleich für diesen Gedanken. Ich klammerte mich an ein anderes erdachtes Ich.

Tante konnte sich und dich aus dem Höllenschlund retten. Aber nicht alle. Auch nicht ihren Bruder. Das ist alles, was wir von Mostar, dieser Stadt im Kochtopf, wissen. Wir fahren immer nur ans Meer.

Als die zweite Chemo nicht anschlug, erfuhr Tante von einer Statue, die in einem Park in ihrer Stadt aufgebaut wurde. Sie las in einer kroatischen Zeitung, als sie uns beide vom Rauchen auf dem Balkon an ihr Bett rief. „Das glaube ich nicht, hier steht: *Weil Bruce Lee eine Figur ist, mit der sich alle – Kroaten, Serben, Bosniaken – identifizieren können, ist es die einzige Heldenstatue, die in diese Stadt passt. Er ist stark, kämpft gegen das Böse, ist loyal und sozial. So wie die Menschen in Mostar, die friedlich zusammenleben.* Pah! Er steht in meinem Sloboda Park! Es ist die schönste Nachricht seit zwei Jahren!"

Ich brach in Tränen aus und in Tantes Kopf wütete ein riesiger Tumor. Du bliebst cool. Aber du warst immer schon cooler als ich. Du hattest immer einen Plan. Als sie längst unter der Erde war, wolltest du nach Mostar, zu Bruce Lee.

„Oh Mann, Nena! Ich will nach Hause!"

Du schluckst trocken und blickst auf deine Chucks.

„Wir suchen den Penner jetzt! Aber erstmal einen Kaffee", sagst du.

Wir setzen uns an einen der klapprigen Gartentische des Park-Cafés. Wir sind allein. Eine umgebaute Tankstelle wie aus Titos Zeiten. Mostar ist nostalgisch.

Du siehst mich an. „Ich glaub das nicht, ich bin so sauer!"

„Mach dir nichts draus. Wir hätten vorher mal die Zeitungen studieren sollen. Sie wurde bestimmt von den Radikalen beschädigt."

Ich bestelle einen großen Kaffee und ändere meine Entscheidung gleich wieder in einen Mokka, wenn ich schon in Mostar bin.

Als uns der Kellner die Getränke bringt, fragen wir ihn. „Was ist mit der Bruce-Lee-Statue passiert?"

„Oh, die Bruce-Lee-Statue?"

„Ja! Es stand doch in der Zeitung? Hier, im Park, wurde eine Bruce-Lee-Statue aufgebaut!"

„Tja, wisst ihr Mädels, das sind Wilde in dieser Stadt. Wilde, versteht ihr? Wilde, dumme Menschen!"

Er schüttelt den Kopf und streicht mit der Hand über seinen Miniaturbierbauch. Um seinen Hals baumelt an einer schweren Panzerkette das kroatische Wappen.

Du verschluckst dich fast am O-Saft. Und du tust mir leid. Seit fast einem Jahr schon.

„Ja, und wo ist der gute Bruce Lee?", frage ich.

„Naja, also weg. Die Stadt hat ihn wieder abmontiert. Fragt doch da einfach nach! Hahaha!" Er hustet vor Lachen, stellt die Getränke ab und schaut dir in den Ausschnitt. „Jesus Christus, verfickte Scheiße! Hey Slobo, hast du das gehört? Die Mädchen wollen Bruce Lee sehen! Fick mich einer!" Slobo lehnt wie ein nasser Sack an der Bar. „Was glaubt ihr eigentlich, ihr Mädchen aus Deutschland? Arbeit, Arbeit!"

„Schon okay, schon okay", sagen wir. Wir glauben nichts.

Du vergräbst dein Gesicht in deinen Händen. Wir alle schweigen. Der Kellner bringt uns kopfschüttelnd zwei Gläschen Rakija. „Das habt ihr euch verdient!" Und du weinst. Zum ersten Mal seit einem Jahr richtig.

# Autorenverzeichnis

Matthias Amann, geboren 1972, lebt in Zürich. Er ist promovierter Jurist und studierte am Schweizerischen Literaturinstitut in Biel. Er veröffentlichte Prosatexte in Zeitschriften und Anthologien. 2012 wurde er mit dem Zentralschweizer Literaturpreis ausgezeichnet.

Helen Anderer, geboren 1997, lebt im Raum Karlsruhe und beginnt 2016 ihr Studium in Tübingen. 2013 belegte sie beim JuLi-Wettbewerb der GEDOK-Karlsruhe den zweiten Platz.

Roland Bärwinkel, geboren 1958, arbeitet als wissenschaftlicher Mitarbeiter der Herzogin Anna Amalia Bibliothek in Weimar. Er veröffentlichte Lyrik und Prosa in Zeitschriften und Anthologien Österreichs, der Schweiz und in Deutschland. 2011 erschien sein Buch „Bevor es zu spät wird".

Andrea van Bebber, geboren 1957, studierte Musiktherapie und arbeitet als Musiktherapeutin. Sie ist Mitglied in verschiedenen Bands, schreibt Lieder, Gedichte und Prosa und veröffentlichte bisher zwei Romane sowie mehrere Gedichte in Anthologien. Sie lebt in Bammental. www.andrea-van-bebber.de

Jennifer Bode, geboren 1989, studierte Englisch und Französisch sowie Allgemeine und Vergleichende Literaturwissenschaften in Berlin. Ihre Kurzgeschichten erschienen in verschiedenen Zeitschriften, 2012 gewann sie den Preis der Jury beim Literaturwettbewerb poet/bewegt.

Doris Brockmann, geboren 1958 in Paderborn, lebt und arbeitet als Autorin in Dorsten. Sie studierte Germanistik, katholische Theologie und Naturheilkunde und promovierte in feministischer Theologie. Ihre Texte erschienen u. a. in der Zeitschrift „Federwelt".

Heide Floor, geboren 1943, lebt in Göttingen. Sie schreibt Geschichten, Gedichte, Märchen, Artikel und Rezensionen, wurde bereits in diversen Zeitschriften und Anthologien veröffentlicht und erhielt verschiedene Auszeichnungen. www.heidefloor.de

Petra Göben, geboren 1951 in Hamburg, lebt und arbeitet als Lehrerin und Fachleiterin für das Fach Deutsch in Hamburg. Dies ist ihre erste Veröffentlichung.

Alice Grünfelder, geboren 1964, studierte nach einer Buchhändlerlehre Sinologie und Germanistik in Berlin und China. Sie vermittelt und übersetzt Literaturen aus Asien, unterrichtet Jugendliche und ist als freie Lektorin und Herausgeberin tätig. www.literaturfelder.com

Ilka Haederle, geboren 1962, studierte Germanistik und Literaturwissenschaften in Berlin und Barcelona. Sie veröffentlicht in Anthologien und Literaturzeitschriften, 2014 erschien ihr Kriminalroman „Die Schlange von Shenzhen". Sie ist Mitglied der Berliner Autorengruppe „Aufbruch". www.ilkahaederle.de

Anne Hassel, geboren 1946, lebt in Miltenberg. Sie schreibt u. a. Krimis, Kurzgeschichten, Theaterstücke und veröffentlichte Bilderbücher und Beiträge in Anthologien, Kinderzeitschriften und Wochenendausgaben von Tageszeitungen. Sie ist Mitglied bei den „Mörderischen Schwestern" und im „Syndikat".

Martina Hegel, geboren 1968, lebt und arbeitet in Lahnstein. Sie schreibt vorwiegend Lyrik und Kurzprosa. Ihre Texte wurden in zahlreichen Anthologien und Literaturzeitschriften wie z. B. dem „Richtungsding" veröffentlicht.

Signe Ibbeken, geboren 1966, lebt in Berlin. Sie ist Mitbegründerin der Lesebühne „Carmer 1" im Buchhändlerkeller Berlin. Veröffentlichungen in Literaturzeitschriften und Anthologien. Sie ist Trägerin des Wiener Werkstattpreises 2013 und des Günter-Bruno-Fuchs-Literaturpreises 2014 (3. Platz).

H.P. Karr & Walter Wehner, geboren 1955 und 1949, leben im Ruhrgebiet und schrieben als Autorenduo Karr & Wehner bisher zahlreiche Storys, Hörspiele und Thriller. 1996 erhielten sie den Friedrich-Glauser-Preis für den besten Krimi des Jahres und 2000 den Literaturpreis Ruhr. 2014 erschien ihr Storyband „Gonzo!". www.karr-wehner.de

Heike Knaak, geboren 1960, lebt in Köln. Sie studierte Bibliothekswesen, Geschichte und Politik und ist nun mit der Integration behinderter Menschen in die Arbeitswelt befasst. Sie veröffentlichte Essays, Prosa und Lyrik in Zeitungen, Literaturzeitschriften und Anthologien.

Regine Koth Afzelius, geboren 1962, lebt und arbeitet in Wien und im Weinviertel. Sie studierte Architektur in Dänemark und Wien und arbeitet als Webdesignerin. Sie veröffentlichte in Zeitschriften und erhielt für eine ihrer Erzählungen ein Arbeitsstipendium des Bundeskanzleramtes. www.rka.at

Angela Kreuz, geboren 1969, lebt und arbeitet als Autorin und Psychologin in Regensburg. Sie schreibt u. a. Kurzgeschichten, Romane und Gedichte und erhielt Auszeichnungen wie den Brandenburgischen Literaturpreis und den Kulturförderpreis der Stadt Regensburg. Arbeitsstipendien führten sie nach Bulgarien, in die USA und nach Griechenland.

Sigrid Kruse, geboren 1941, arbeitete als Bibliothekarin und lebt als freie Autorin in Duisburg. Sie veröffentlichte zahlreiche Geschichten und Gedichte und ist in Anthologien und Textsammlungen vertreten. Sie erhielt den Literaturpreis des Schlachthoftheaters Neuss und den Oberhausener Literaturpreis für Prosa.

Hellmut Lemmer, geboren 1947 im Sauerland, lebt in Hattingen. Er ist Mitglied im Verband deutscher Schriftsteller, zuletzt erschien sein Roman „Der Sand der Namib".

Wiete Lenk, geboren in Dresden, studiert Biografisches und Kreatives Schreiben. Sie arbeitet als Autorin, Dozentin und Schreibtherapeutin und veröffentlichte Prosatexte in Zeitschriften und Anthologien. Neben diversen Auszeichnungen erhielt sie 2011 ein Stipendium der Kulturstiftung Sachsen.

Michael Lichtwarck-Aschoff, geboren 1946, lebt und arbeitet als Intensivmediziner in Augsburg und als Lungenphysiologe in Uppsala. Er schreibt meistens Arztbriefe.

Sabina Lorenz, geboren 1967, studierte Sozialpädagogik in München und London und war Mitherausgeberin der Literaturzeitschrift „außer.dem". Sie veröffentlichte in Literaturzeitschriften und Anthologien und erhielt u. a. den Förderpreis des Stuttgarter Schriftstellerhauses. Sie lebt in München. www.reimfrei.de

Que Du Luu, geboren 1973, lebt in Bielefeld. Sie veröffentlichte bisher zwei Romane und ist Trägerin diverser Auszeichnungen, u. a. des Hohenemser Literaturpreises 2015. 2016 erscheint ihr neuer Roman. www.queduluu.de

Isobel Markus, geboren Mitte der 70er Jahre, studierte Anglistik und Bibliothekswissenschaft und arbeitet als freie Texterin, Autorin und Initiatorin von Kunstprojekten. Sie veröffentlicht Kurzgeschichten in Zeitschriften und Anthologien unter dem Pseudonym Isobel Coquille. www.isobelmarkus.de

Dennis Mombauer, geboren 1984, lebt und arbeitet in Köln. Er schreibt Kurzgeschichten, Romane und Flash Fiction sowohl auf Deutsch als auch Englisch und ist Mitherausgeber von „Die Novelle – Zeitschrift für Experimentelles". Veröffentlichungen in englischsprachigen Zeitschriften und Anthologien.

Anna Morawetz, geboren 1978 in Linz/Oberösterreich, lebt in Wien. Zusätzlich zu ihrem Germanistikstudium ließ sie sich in Wien zur Schauspielerin ausbilden und war u. a. zu sehen auf Bühnen in Wien, Graz, Salzburg, Hamburg, Lissabon, St. Petersburg und Finnland.

Volker Mrogenda, geboren 1959, studierte u. a. Jura und Skandinavistik. Er unterrichtet als Dozent für die dänische Sprache an verschiedenen Volkshochschulen und arbeitet regelmäßig auch als Übersetzer aus dem und in das Dänische.

Thomas Mühlfellner, geboren 1982 in Salzburg, studierte Wirtschaft in Innsbruck und lebt nach Aufenthalten in England und New York in Wien. Seine ersten Veröffentlichungen finden sich in der Anthologie „Nachtfahrt" und der Literaturzeitschrift „SALZ".

Daniel Mylow, geboren 1964, studierte Germanistik und Medien, Psychologie und Philosophie in Bonn und Marburg, ließ sich zum Poesiepädagogen ausbilden und arbeitet als Deutschlehrer an der Freien Waldorfschule Marburg. Er wurde 2014 ausgezeichnet mit dem Literaturpreis der Zeitschrift „futura".

Marianne Nauber, geboren 1953, studierte Theaterwissenschaft und Germanistik sowie Sprecherziehung und Rezitation. Sie arbeitete als Dozentin für Stimmbildung und Rhetorik und trat mit Rezitationsprogrammen in Deutschland und Österreich auf. Sie lebt und schreibt in Tübingen. www.marianne-nauber.de

Suat Özbek, geboren 1968, lebt in Heidelberg. Er studierte Biologie in Darmstadt, promovierte in Mainz und arbeitete u. a. an der Universität Basel. Derzeit ist er als Forschungsgruppenleiter/ Dozent im Fach Biologie an der Universität Heidelberg tätig.

Karin Peschka, geboren 1967, wuchs als Wirtstochter in Oberösterreich auf und lebt in Wien. Sie veröffentlichte einen Roman sowie Kurzprosa und andere Texte in Anthologien und Zeitschriften. Sie ist Trägerin diverser Literaturpreise und erhielt 2015 das Elias-Canetti-Stipendium der Stadt Wien. www.peschka.at

Sascha Preiß, geboren 1976, studierte Literatur und Medizingeschichte in Berlin. Er war anschließend für acht Jahre in Kasachstan, Kroatien und Russland unterwegs. Seine Texte veröffentlicht er im Internet und arbeitet derzeit an Bänden mit sibirischen Geschichten. www.pselbst.de

Inga Rahmsdorf, geboren 1978 nahe der niederländischen Grenze, studierte in Berlin Philosophie, Soziologie und Politikwissenschaften. Sie lebt seit einigen Jahren in München und arbeitet als Journalistin. www.rahmsdorf.eu

Astrid Reimann, geboren 1961, studierte Journalistik und Kreatives Schreiben. Sie ist Autorin von Kurzgeschichten und Gedichten, veröffentlichte in Zeitungen, Anthologien sowie in Bänden der Bibliothek Deutschsprachiger Gedichte.

Peter Reul, geboren 1952, studierte Germanistik und Philosophie in Bochum. Er ist als Gymnasiallehrer in Meerbusch tätig und lebt in Krefeld. Mit ausgewählten Gedichten und Kurztexten ist er in verschiedenen Anthologien vertreten, 2013 erhielt er den Leverkusener Short-Story-Preis.

Verena Richter alias ‚Die Frau mit dem Täkst' aus München wurde geboren und ist aufgewachsen. Rhapsodische Aufenthalte an der Hochschule für Philosophie, der Deutschen Journalistenschule und dem Conservatorio G. Rossini/Italien. Ihre Dinggedichte erschienen wöchentlich in der Süddeutschen Zeitung. www.dinggedichte.de

Steffen Roye, geboren 1972, lebt in Dresden. Er ist Mitglied der Autorengruppe TexTour, fotografiert und spielt Theater. 2007 belegte er den 3. Platz beim Literaturpreis Prenzlauer Berg. Seine Texte wurden in diversen Anthologien veröffentlicht, 2014 stellte er seinen ersten Roman fertig.

Regina Schleheck, geboren 1959, ist Oberstudienrätin, Referentin, Herausgeberin und Autorin von Kriminal- und Phantastikgeschichten. Sie wurde u. a. mit dem Friedrich-Glauser-Preis der deutschsprachigen Krimiautoren sowie dem Deutschen Phantastikpreis für ein Hörspiel ausgezeichnet. www.regina-schleheck.de

Annette Schmitz-Dowidat, geboren 1970, lebt und schreibt in Bonn. Sie war tätig als Zeitungsbotin, Psychiatriepförtnerin, Verwaltungsjuristin und Pfarrerin. Ihre Texte wurden in verschiedenen Literaturzeitschriften veröffentlicht, Romanmanuskripte liegen vor. www.annetteschmitzdowidat.de

Bernd Schumann, geboren 1979, absolvierte eine Tonmeisterausbildung an der Hochschule für Musik in Detmold, studierte dann u. a. in Hamburg und Leipzig Komposition und Elektroakustische Musik. Er arbeitet als Tontechniker am Deutschen Theater Göttingen, schreibt und ist als Komponist tätig.

Ina Seeberg, geboren 1941, studierte Philosophie, Pädagogik, Kunstgeschichte in Bonn und Göttingen sowie Malerei an der Akademie der Bildenden Künste Nürnberg und Visuelle Kommunikation an der Folkwangschule in Essen. Sie war Gastdozentin u. a. für Bildende Kunst in Salzburg, Trier und in der Türkei.

Martin Sieber, geboren 1980, studierte Erziehungswissenschaften in Bielefeld. Er veröffentlichte Essays und Prosastücke in verschiedenen Zeitschriften und Anthologien, so zuletzt in „Lichtungen", „kolik" und „Tentakel".

Amelie Soyka, geboren 1971, studierte Theaterwissenschaften, Germanistik und Kunstgeschichte in Köln und London. Sie lebt in Köln und schreibt und produziert u. a. Hörspiel-Stationen für Museen. 2008 erhielt sie den Publikumspreis des Berliner Hörspielfestivals. Sie ist Mitglied im Literatur-Atelier Köln und veröffentlicht in verschiedenen Medien.

Katharina Spengler, geboren 1983, lebt mit ihrem Klavier und zahlreichen Büchern in München. katharinaspengler.wordpress.com

Katharina Stegen, geboren 1988, promoviert in Tübingen am Institut für klinische Hirnforschung. Sie veröffentlicht in Anthologien und Zeitschriften, nahm u. a. teil an der Auswahl zum Treffen junger Autoren 2007, dem Klagenfurter Literaturkurs 2013 und erhielt 2014 den 1. Preis beim Wettbewerb des Schriftstellerverbands Baden-Württemberg.

Andreas Unterweger, geboren 1978 in Graz, lebt in St. Johann/ Grafenwörth. Er studierte Germanistik und Französisch. Seine Bücher erscheinen im Literaturverlag Droschl, er erhielt Preise und Stipendien wie den Shortlist Rauriser Literaturpreis 2010. www.andreasunterweger.at

Katharina Unteutsch, geboren 1981, studierte Germanistik und Anglistik in Hamburg und arbeitet als freie Autorin und Lektorin in Hamburg. In der Anthologie zum 25. Würth-Literaturpreis, erschienen im Rahmen der Tübinger Poetik-Dozentur 2013, veröffentlichte sie eine Erzählung.

Jutta Urbigkeit, geboren 1951 in Essen, studierte Englisch und Sport in Bochum und Marburg und unterrichtete neben Englisch, Sport und Deutsch auch Kreatives Schreiben in Arbeitsgruppen und Schreibwerkstätten für Schüler. Zwei ihrer Kurzgeschichten sind unter einem Pseudonym in Anthologien erschienen.

Kristina Wilhelms, geboren 1984, studierte Germanistik und Amerikanistik. Sie arbeitet als freie Journalistin u. a. für die Westdeutsche Zeitung Düsseldorf und die B.Z. Berlin. Derzeit ist sie Pressereferentin in Essen und Leiterin einer Schreibwerkstatt in Neuss. Sie veröffentlichte Zeitungsartikel sowie satirische Kurzgeschichten.

Saskia Wolff, geboren 1973, studierte Theaterwissenschaft, Film- und Fernsehwissenschaft. Sie lebt in Krefeld.

Else Zett, geboren 1953, lebt und schreibt in Basel. Sie studierte Psychologie und Pädagogik und arbeitete lange Jahre mit Kindern und Erwachsenen. Unter anderem Namen hat sie literarische und wissenschaftliche Texte publiziert. Seit kurzem widmet sie sich hauptberuflich dem literarischen Schreiben.